Cabu

VIVE LE SPORT !

Dictionnaire des champions toutes catégories

Michel Lafon

**Dessiner les sportifs, c'était le seul sport de Cabu.
Et quel sport !**

Pour lui, qui dessinait les corps en mouvement comme personne, le sport était un véritable enjeu graphique. Il a dessiné toutes les disciplines, et c'est l'objet de ces 430 dessins décapants ! Le trait y est sans concession pour décrire les travers du sport et de la société. Regardez les dessins sur le dopage des cyclistes du Tour de France : il s'en donne à cœur joie. Ces dessins sont intemporels : pour preuve, une page prémonitoire dans le journal de la Ville de Paris sur la candidature de Paris au jeux Olympiques en 2003. C'est le regard visionnaire de Cabu qui nous étonnera toujours.

Connu pour ses dessins de presse satiriques et politiques, il a pourtant adoré dessiner dans *L'Équipe Magazine* de 1982 à 1986 grâce à Bernard Fournier, le directeur artistique, qui l'a aidé à relever ce challenge.

Ce livre conçu comme un abécédaire aborde différents sports, du cyclisme au bobsleigh en passant par la pétanque, mais il évoque aussi différents sportifs connus, de Poulidor à Zidane en passant par Bernard Tapie !

Enfin, un point d'histoire digne de figurer dans le quiz présenté à la fin de cet album savez-vous que Cabu est allé jusqu'en Albanie pour croquer l'équipe de France de football en 1990 ? Voyager avec des sportifs, une première pour lui !

L'important, c'est que ces dessins fassent rire, et j'entends déjà les lecteurs !

Véronique Cabut

LE FOOT

PETITS JOUEURS

de a à z

Arbitre

1998

1975

Athlétisme

1988 ★

Aviron

1953 ★

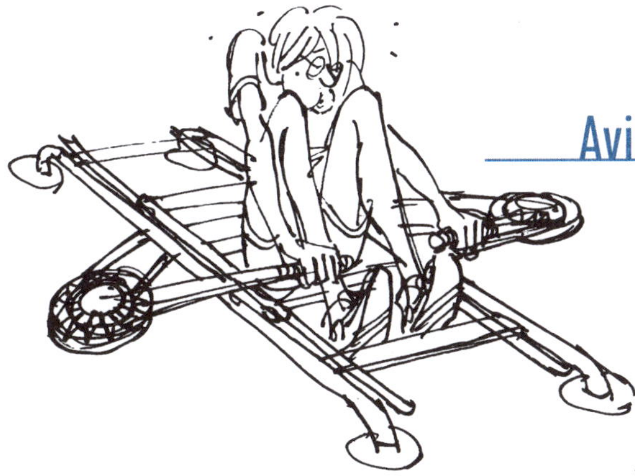

1967

Bac

Les révisions du bac

– Si tu dois redoubler, je te mets à la coke ou à l'EPO !

2010 ★

2010 ★

2008 ★

– Développez-moi les avantages et les inconvénients du 4-4-2 adopté par l'équipe de France à Mexico. Vous avez dix minutes.

1986 ★

Basket

1964

1964 ★

1963

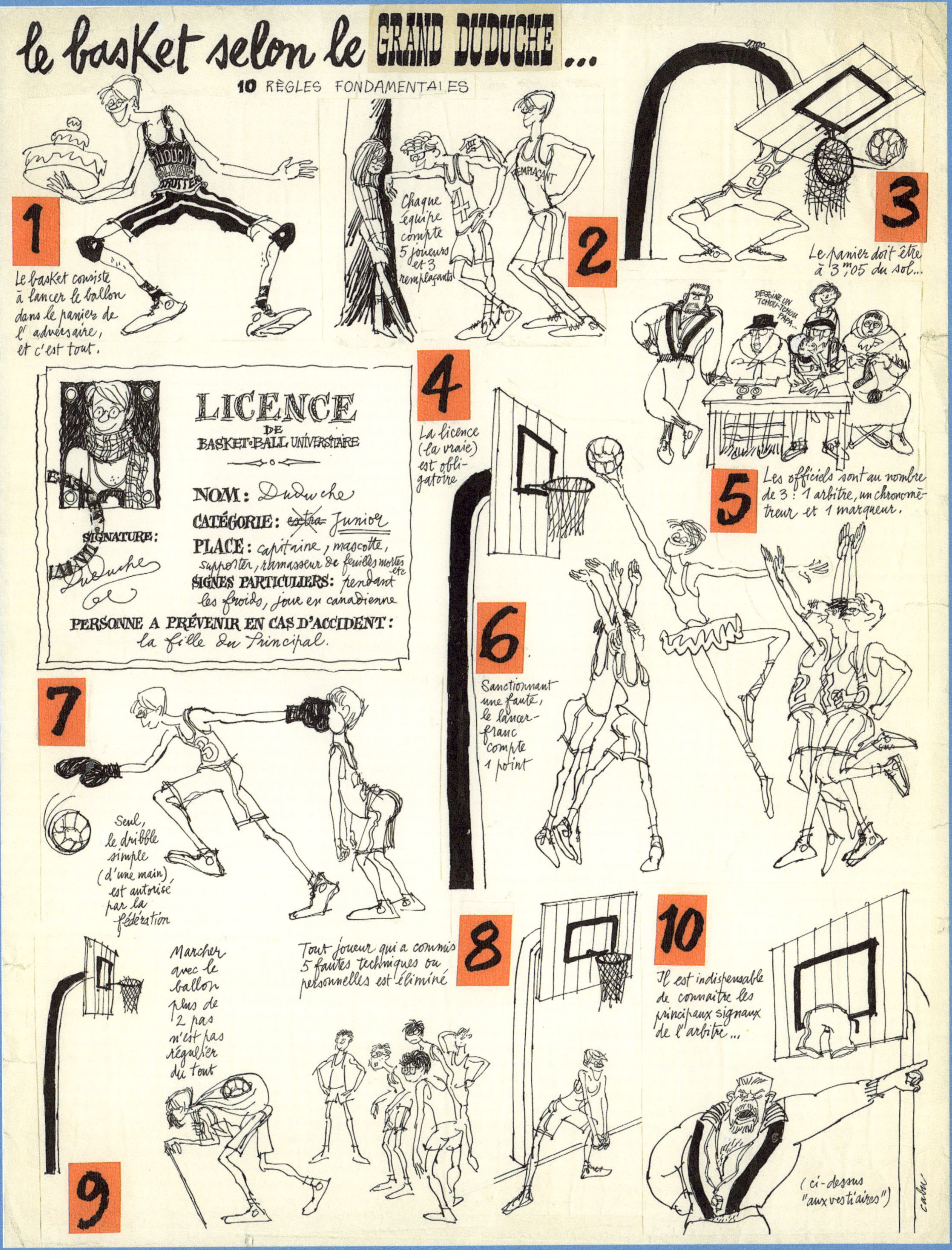
le basket selon le GRAND DUDUCHE...
10 RÈGLES FONDAMENTALES
DUDUCHE GLOBE-TROTTERS
1
Le basket consiste à lancer le ballon dans le panier de l'adversaire, et c'est tout.
REMPLAÇANT
Chaque équipe compte 5 joueurs et 3 remplaçants
2
3
Le panier doit être à 3 m,05 du sol...
LICENCE DE BASKET-BALL UNIVERSITAIRE
NOM : Duduche
CATÉGORIE : extra Junior
PLACE : capitaine, mascotte, supporter, ramasseur de feuilles mortes etc
SIGNES PARTICULIERS : pendant les froids, joue en canadienne
SIGNATURE : Duduche
PERSONNE A PRÉVENIR EN CAS D'ACCIDENT : la fille du Principal.
4
La licence (la vraie) est obligatoire
DESSINE UN TCHOU-TCHOU PAPA...
5
Les officiels sont au nombre de 3 : 1 arbitre, un chronomètreur et 1 marqueur.
6
Sanctionnant une faute, le lancer-franc compte 1 point
7
Seul, le dribble simple (d'une main) est autorisé par la fédération
Marcher avec le ballon plus de 2 pas n'est pas régulier du tout
9
Tout joueur qui a commis 5 fautes techniques ou personnelles est éliminé
8
10
Il est indispensable de connaître les principaux signaux de l'arbitre...
(ci-dessus "aux vestiaires")
cabu

1965

Bobsleigh

Manque de neige aux J.O. de Vancouver

2010 ★

Boxe

1953 ★

Le retardataire

– Pourvu qu'il ne lui soit rien arrivé...

1952 ★ ★

2012

1970 ★

– Soigne ta droite
1997

– Soigne ta gauche
1997

C

Catch

1986

2011 ★

1961

2010

2012

2009

2008

Les nouveaux Beaufs et l'âge du capitaine
2004

1998

1998 ★

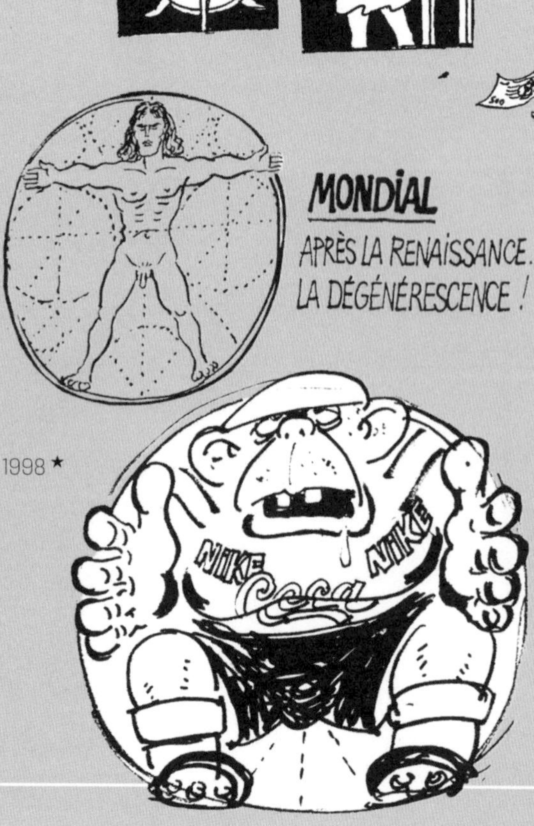

1998 ★

1986 ★

2011

2005 ★

1996

1979 ★

LE FIGARO
LE CROSS DU "FIGARO" AU BOIS DE BOULOGNE
Faire courir des pauvres vieux pendant 4 Kilomètres !
VITTEL
LE SPÉCIALISTE DE L'ASPHYXIE DU CERVEAU ("LE FIGARO") SPONSORISÉ PAR LE SPÉCIALISTE DE LA MORT SUBITE (L'ARMÉE)
ALLEZ ALZHEIMER ! ALLEZ PARKINSON !
Comment "LE FIGARO" remplit sa page d'avis de décès
"TIENS, VOILÀ COMMENT TU SERAS UN JOUR !"
159 "vieilles pointes" de 65 ans à 85 ans !
ARRIVÉE : Emballés dans du papier d'aluminium et réexpédiés comme cadeau de Noël à leur famille !
transformées en papillotes !

1999

Cyclisme

1985 ★

Le président Giscard d'Estaing auquel Cabu reproche de courir derrière les lobbys.
1976

Cyclisme

La leçon de vélo
1960

Occasion
1957

1956 ★

Décalage horaire

Séoul : nos athlètes et le décalage horaire

Ils s'entraînent à l'heure où il devraient se coucher...

1988 ★

1984 ★

Les J.O. de Pékin au camping des Flots bleus... En plein décalage horaire.

2008

2008 ★

La Saint-Valentin contrariée par les J.O.

2010 ★

Des jeux Olympiques qui jouent...
... les prolongations chaque nuit.

1984 ★

Dopage

2013

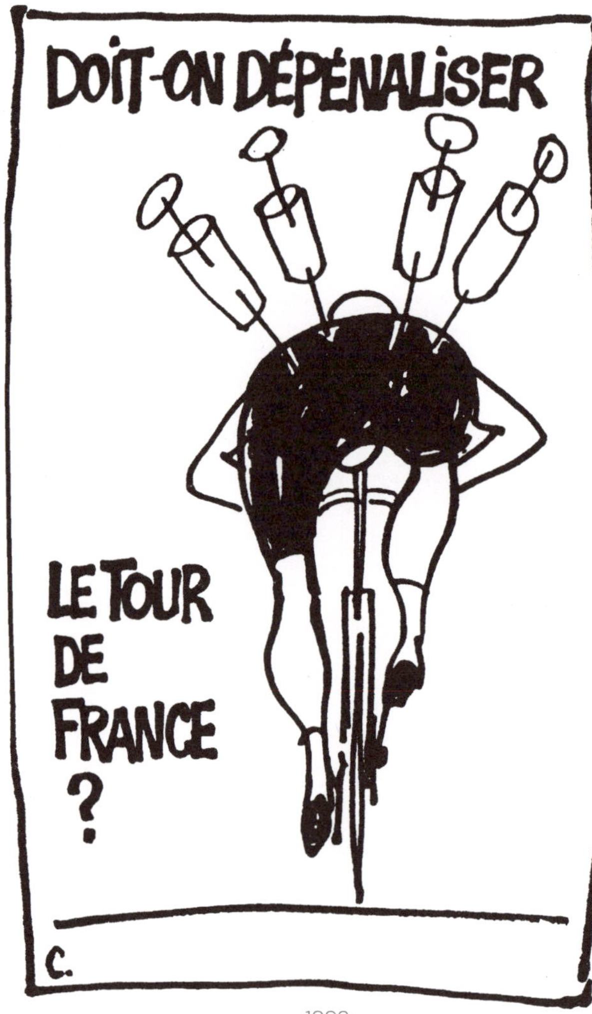

1993

2013

2011

Brebis galeuse sur le Tour

Il y a encore un dopé par-ci, par-là...

Saurez-vous le découvrir ?

2002 ★

1998

1998

Le dopage sur les stades

– On a trop forcé sur les hormones !

1986 ★

E

Entraînement

1986 ★

Une calamité peut en cacher une autre !

– Grâce à la sécheresse, on peut enfin s'entraîner en conditions réelles !

1986 ★

Entraîneur

Philippe Lucas et Laure Manaudou
2007 ★

2012

2006

Équitation

1970

2010 ★

1970

Escrime

1970

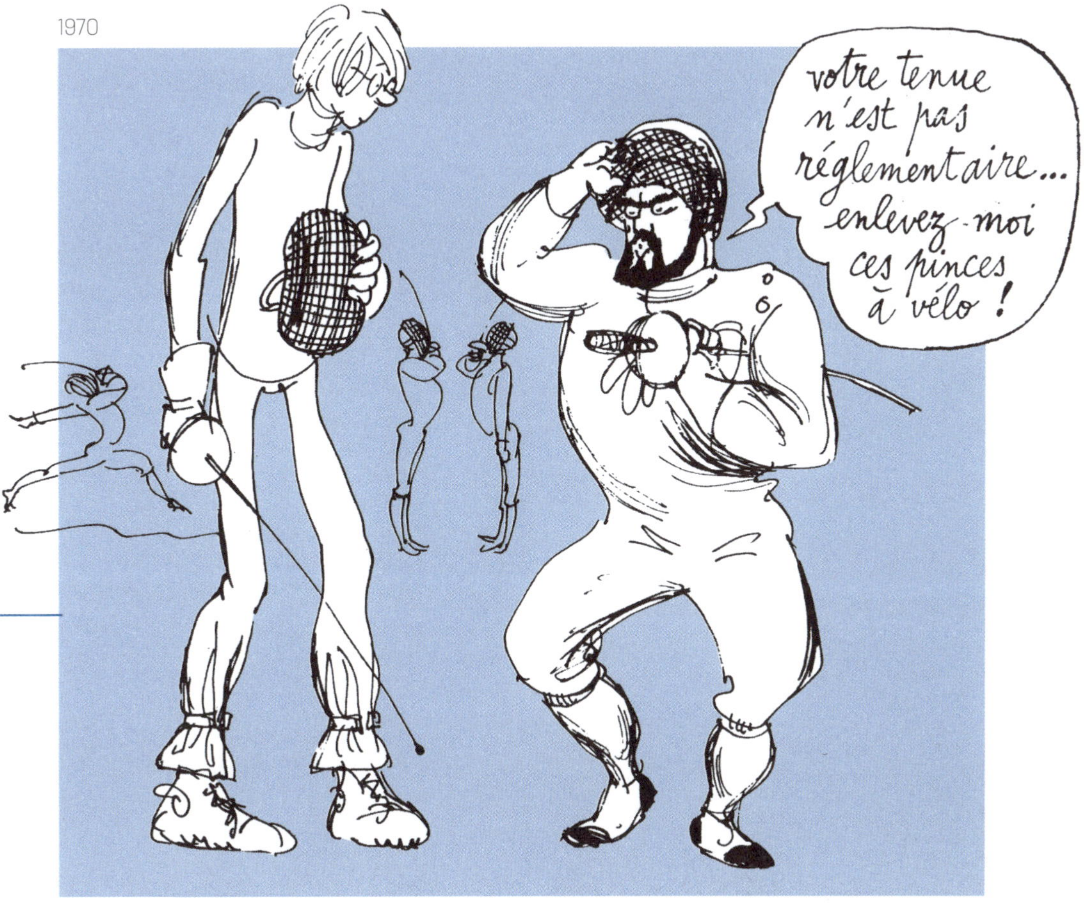

LE FOOT LE FOOT LE FOOT LE
VOUS ALLEZ EN BO

OOT LE FOOT LE FOOT LE FOOT
IFFER, DU FOOT !

Football

Passer par-dessus les barons...
2012

Hollande gagnant : encore un présidentiable...
... Devant le "mur" des présidentiables !
2004 *

Football « féminin »

1998 *

Allez les petites !

– Quand nos footballeuses oseront faire comme nos footballeurs, elles seront aussi populaires !

2012 *

1998 ★

1994

1998

1982

2009 ★

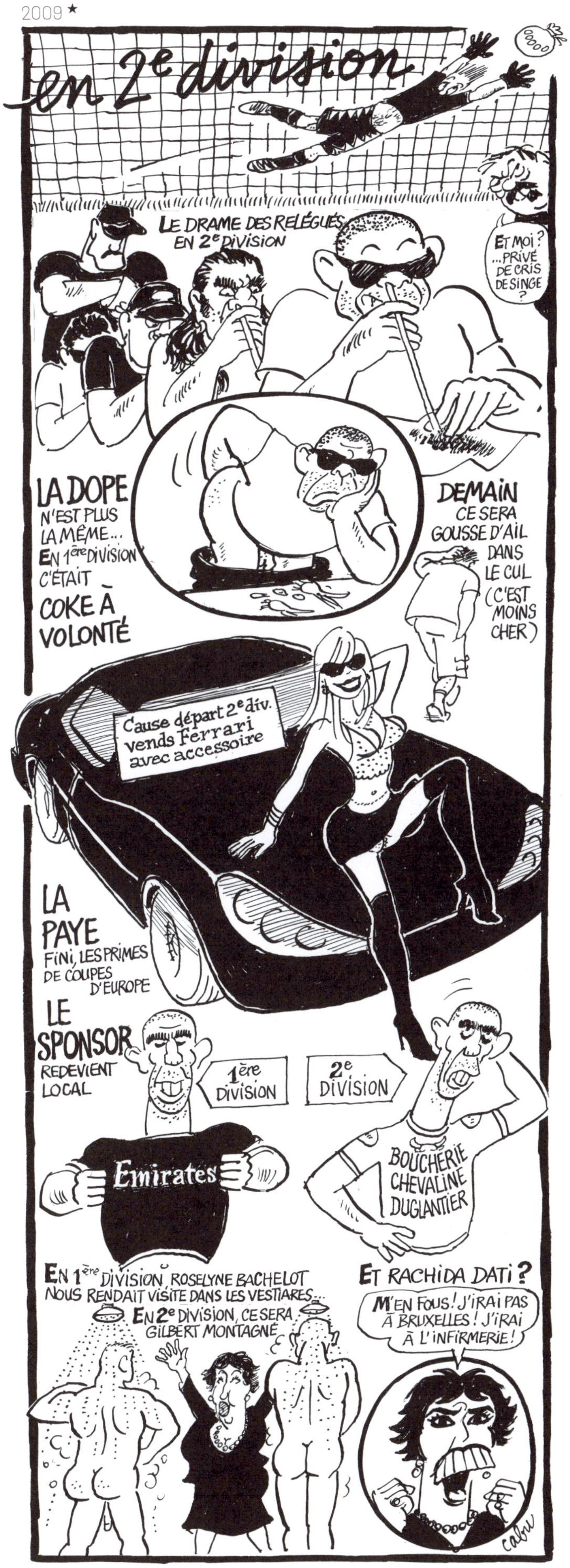

LA LETTRE DE CABU
ANGLETERRE BAT FRANCE 3-1
ALGERIE 2
RFA 1
L'ALGÉRIE A ÉTÉ FRANÇAISE... C'EST UNE CONSOLATION !
« LE FOOTBALL EST UNE ACTIVITÉ QUI FAIT MARCHER L'HÉMISPHÈRE DROIT DU CERVEAU, L'HÉMISPHÈRE QUI NE MARCHE JAMAIS À L'ÉCOLE... »
(PROFESSEUR HENRI LABORIT)
L'HÉMISPHÈRE GAUCHE
C'EST LE LANGAGE, L'ANALYSE, LES MATHÉMATIQUES, ETC... C'EST L'HÉMISPHÈRE "NOBLE"
L'HÉMISPHÈRE DROIT
C'EST L'OCCUPATION DE L'ESPACE, C'EST LE GESTE.
HENRI LABORIT
QUI ENGENDRE LES ANGOISSES ? C'EST L'HÉMISPHÈRE GAUCHE...
HÉMISPHÈRE... HÉMISPHÈRE... EST-CE QUE J'AI UNE GUEULE D'HÉMISPHÈRE ?
QUI EST À L'ORIGINE DES ULCÈRES À L'ESTOMAC ? C'EST L'HÉMISPHÈRE GAUCHE !
MOI, ÇA SERAIT PLUTÔT LA CIRRHOSE !
MALHEUREUSEMENT, EN REGARDANT LE FOOTBALL À LA TÉLÉ, ON NE FAIT FONCTIONNER NI L'HÉMISPHÈRE GAUCHE NI L'HÉMISPHÈRE DROIT !
L'hémisphère NORD contre l'hémisphère SUD, c'est le "Mundial". Si le tirage au sort avait opposé la France au Bengladesh, ç'eût été plus satisfaisant pour l'hémisphère droit des supporters que France-Angleterre !
FRANCE 642
BENGLADESH 0
HENRI LABORIT APPORTE SA CAUTION À TOUS LES INTELLOS QUI REGARDENT LE FOOT EN CACHETTE
ÇA ALORS !
LE FOOT C'EST VRAIMENT UNIVERSEL !
ALLEZ LES VERTS !
HORS-JEU !
Par bonheur, la publicité ne s'adresse pas au cerveau, mais au bas-ventre...
exemple de publicité clandestine :
AH ! S'IL AVAIT PORTÉ UN SLIP "PETIT BARREAU"... LE SLIP QUI ARRÊTE LES PÉNAULTS(*)
(*) PÉNALTIES
...QUI PASSE À "OMO LAVE PLUS BLANC" QUI PASSE À "COCA-COLA" QUI PASSE À...

1982

CE QUE J'AIME DANS LA FORMULE 1 C'EST LES SALOPES DES CIRCUITS
JE NE POURRAI JAMAIS ME PAYER ÇA...
10 FRANCS LA MINUTE
AH ! LES SALOPES DES CIRCUITS !
OUH ! LA ! LA ! NIKI LAUDA !
100 FRANCS DANS TOUS LES TROUS !
SCHLAFF
JE NE POURRAI JAMAIS ME PAYER UN VRAI COMA...
JE NE POURRAI JAMAIS ME PAYER DES OBSÈQUES NATIONALES
FOURRIÈRE
CROÏNC CROÏNC
JE NE POURRAI JAMAIS M'IDENTIFIER AUX PILOTES...
...MAIS JE PEUX FACILEMENT M'IDENTIFIER AUX DIRIGEANTS DE LA F1... ILS AIMENT L'ORDRE COMME MOI... CES SEIGNEURS DE LA GUERRE...
MAX MOSLEY, ANCIEN PARA, A SUCCÉDÉ À JEAN-MARIE BALLESTRE QUI A COMBATTU AUX CÔTÉS DES ALLEMANDS...

1994

Gagné (On a)

2012

Toute la France derrière les Bleus...

2014 ★

Mon Beauf : la joie par les pieds

1986

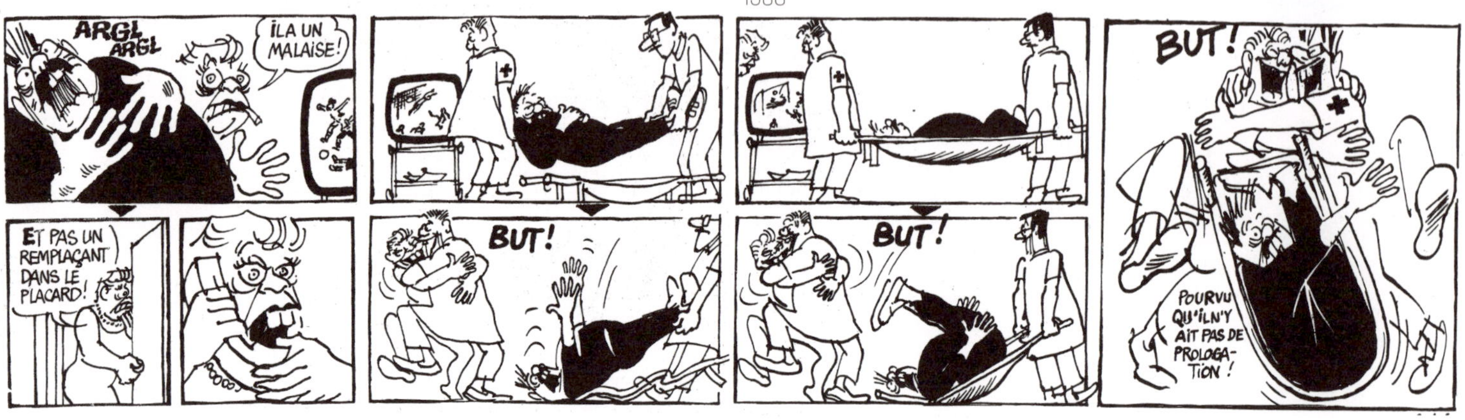

1998

Ils ne pensent qu'à ça ! (Foot folies)
1986 ★

1998

2010

1962

1962

1965 *

À Beyrouth, tout s'arrête pendant les matches !

– Moi aussi, j'ai détourné un obus de mortier en corner !... et j'en fais pas un plat !

1986 ★

Golf

1982

1971 ★

1992

2011

Gymnastique

1979

Haltérophilie

1965

Hooligans

1998 ★

La rentrée des hooligans

1993 ★

Jet-Ski

2006 ★

2003

Jeux Olympiques

1992

J.O. « Paralympiques »

La folie des jeux Olympiques

— Eh bien, nous allons préparer les prochains JO... dans la piscine de Lourdes !

2012 ★

1997 ★

1996

2008

Et un boycott de la flamme à Paris ? - 1997 ★

LE COMITÉ OLYMPIQUE VIENT INSPECTER PARIS LE JOUR DE LA GRANDE MANIF DU 10 MARS...
CGT FO
SUD FO
SALAUDS DE GRÉVISTES QUI VONT NOUS PRIVER DES J.O.
ESPACE ÉPILATION
EN GRÈVE
ÉMISSAIRE D'UNE VILLE REFUSÉE PAR LE C.I.O
RESCAPÉ DU COMITÉ D'ÉVALUATION DES J.O DE BERLIN 1936
LA POTION MIRACLE DU BON Dr COUBERTIN
DUPLEX À LOUER S'ADRESSER Mme GAYMARD
VOYANTE EN GRÈVE
TATOO
EN GRÈVE
GÉRARD HOLTZ EN GRÈVE
CALL-GIRLS EN GRÈVE
POMPES FUNÈ
EN GRÈVE
PHARMACIE
SEMELLES Scholl
EN GRÈVE
SEX SHOP
EN GRÈVE
HAUT FONCTIONNAIRE
BRISEUR DE GRÈVE
CHARGÉ D'APPORTER LES DESSOUS DE TABLE AU CIO
Folies Bergère
EN GRÈVE
CASINO D'ENGHIEN
"POINT SOLEIL" (CABINES UV) EN GRÈVE
BANC EN GRÈVE
LES JOURNAUX GRATUITS PAS EN GRÈVE, EUX !
EN GRÈVE
CIO
J.O PARALYMPIQUES
DU TEMPS DE PAPON, Y AVAIT PAS DE GRÈVE DES TRAINS !
EN GRÈVE
POMPES FUNÈBRES EN GRÈVE
PARIS PROPRE
SMART
NON GRÉVISTE
cabu

1997 *

MES PRONOSTICS POUR LES JEUX OLYMPIQUES

(j'espère que ça ne se passera pas comme ça !) - 1964★

Embarquement des équipes de France à Orly : un optimisme que d'aucuns jugent un peu excessif...

La délégation française est une des plus fortes qu'on ait jamais alignée : une moyenne de 5 dirigeants pour 1 athlète.

Arrivée à TOKYO. Un léger incident exagérément exploité par la presse locale...

Athlétisme : un petit manque de coordination entre les relayeurs (ça n'était jamais arrivé à l'entraînement) nous prive in-extrémis d'une superbe médaille au 4×100 m.

Natation : nos espoirs ont perdu pied. Pourtant, à l'entraînement, ils avaient ridiculisés leurs adversaires

Aviron : on a cru observer une légère mésentente entre nos rameurs. D'où l'échec de notre excellent huit barré, pourtant supérieur...

Il faut dire que les Français sont très désavantagés : 1/ par le temps 2/ par le public, 3/ par la nourriture.

A Paris, l'opinion s'émeut Quand tout à coup...

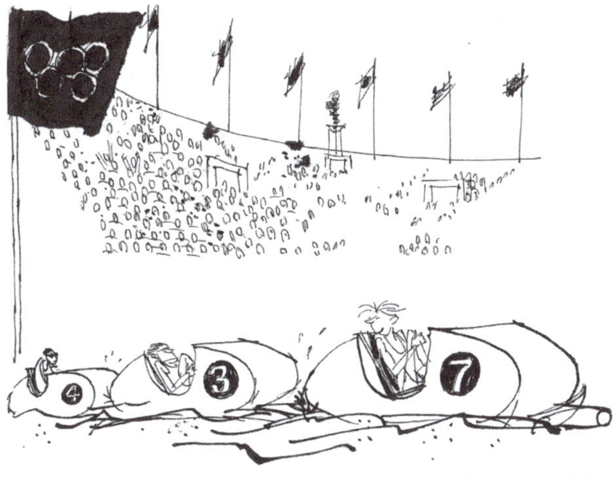

... dans une spécialité dont on parle trop peu... (on se demande bien pourquoi ?)

... un magnifique petit Français...

... donne à la France sa seule médaille, mais elle en vaut beaucoup d'autres...

Apothéose à l'Elysée - En sport, comme ailleurs, la France aura affirmé une fois de plus sa suprématie.

LES TESTS

Tests de masculinité à Albertville
1992 ★

Tests de féminité
1992 ★

1992 ★

"Plus vite, plus haut, plus fort"

Le lancer de Sarko bientôt discipline olympique ?

2004 ★

La France médaille d'or au sabre...

1984 ★

Atlanta-Sydney... Athènes...
L'hommage du baron Seillière

2004 ★

Les nouveaux Beaufs ont besoin de repères...

1996

PARIS PRÉPARE LES JEUX OLYMPIQUES

2003

FIN DES J.O.

1992

1984 ★

1980

1994

Jogging

2007 ★

2007 ★

2011 ★

Avec Sarkozy, les ministres n'arrivent pas à se faire un nom...
2007 ★

QUI SONT CES RATS D'ÉGOUT RÔDEURS DE VESTIAIRES
J'AI ABORDÉ LE MATCH SANS ÉTATS D'ÂME, CAR JE N'AVAIS RIEN À PERDRE...
LÈCHE-CULS DES NOTABLES DU SPORT, PORTE-DRAPEAUX DE TOUS LES NATIONALISMES, PROFITEURS DE ROTARY-CLUBS OPPORTUNISTES DES TASTE-VIN
PIRES QUE LES SPORTIFS
LES JOURNALISTES SPORTIFS
UN JUS DE CONCENTRÉ DE SUPPORTERS, PREMIÈRE PRESSION À FROID...
COMPLICES DE TOUTES LES MAGOUILLES DES JAVAS DES 3es MI-TEMPS, HABITUÉS DES PISCINES DE TAPIE ET DES JÉROBOAMS DE PROST
Marlboro
PENDANT DES DÉCENNIES, VOUS ÉTIEZ LES SEULS JOURNALISTES À POUVOIR ENTRER DANS DES TAS DE PAYS POURRIS
SIBERIA
LECONTE ABORDE CE TOURNOI SANS ÉTATS D'ÂME, CAR...
L'ÉQUIPE DU GOULAG ABORDE LE MATCH SANS ÉTATS D'ÂME, CAR...
L'U.R.S.S, L'AFRIQUE DU SUD, ET MÊME L'ALBANIE...
SPRINGBOKS
VOUS FÛTES LES PREMIERS À DRESSER DES STATUES À TAPIE...
Ô CAPITAINE D'INDUSTRIE
Ô PHARE DE L'O.M
GOLDEN BOY
L'ÉLYSÉE BIENTÔT?
REPRENEUR N°1
TOUT DE RÉUSSIT TU ES BÉNI DES DIEUX
...ET VOUS ÊTES LES PREMIERS À LE DÉBOULONNER
TAPIE
DANS LES RÉDACTIONS IL N'Y A JAMAIS D'ARGENT POUR ENVOYER UN REPORTER AU BOUT DU MONDE... SAUF POUR LES JOURNALISTES SPORTIFS LORSQU'IL S'AGIT DE COUVRIR LE MOINDRE TOURNOI DE TENNIS AUX ANTIPODES...
ET VOUS N'AVEZ RIEN DIT, CRAPULES
MOI, JE NE FAIS PAS DE POLITIQUE... JE VENDS DU RÊVE!

1993

VOUS VOULEZ UNE INTERVIEW À 2000... OU À 5000 FRANCS ?
AVANT DE VOUS RÉPONDRE, PERMETTEZ-MOI DE VOUS RAPPELER QUE JE N'UTILISE QUE GUINUX LE SAVON DES STARS !
JE SUIS CONTENT D'AVOIR GAGNÉ ROLAND GARROS...
J'ESPÈRE FAIRE MIEUX LA PROCHAINE FOIS !
ÇA M'INTERPELLE QUELQUEPART AU NIVEAU DE MON VÉCU...

1984

2012

Judo

Après la victoire de Douillet

2000 ★

Karting

1959 ★ ★

Marathon

Tous candidats à l'Élysée !
1965

1958 ★

1982 ★

Marteau

2000 ★

2003

Mascotte

1997

Médecin sportif

Tour: Trois semaines mal au cul !

1996

1998 ★

1984

Météo

1978

Mi-temps

1998 ★

2014

Domenech dévoile sa liste pour le Mondial

2011

2011

Barcelone : Le XXIe siècle sera musculeux ou ne sera pas

– Tout ce qui m'intéresse maintenant, c'est le chiffre du tour de ses biscottos…

1992 ★

7 heures du matin

Maître-nageur
éducation physique

1953 ★ ★

N

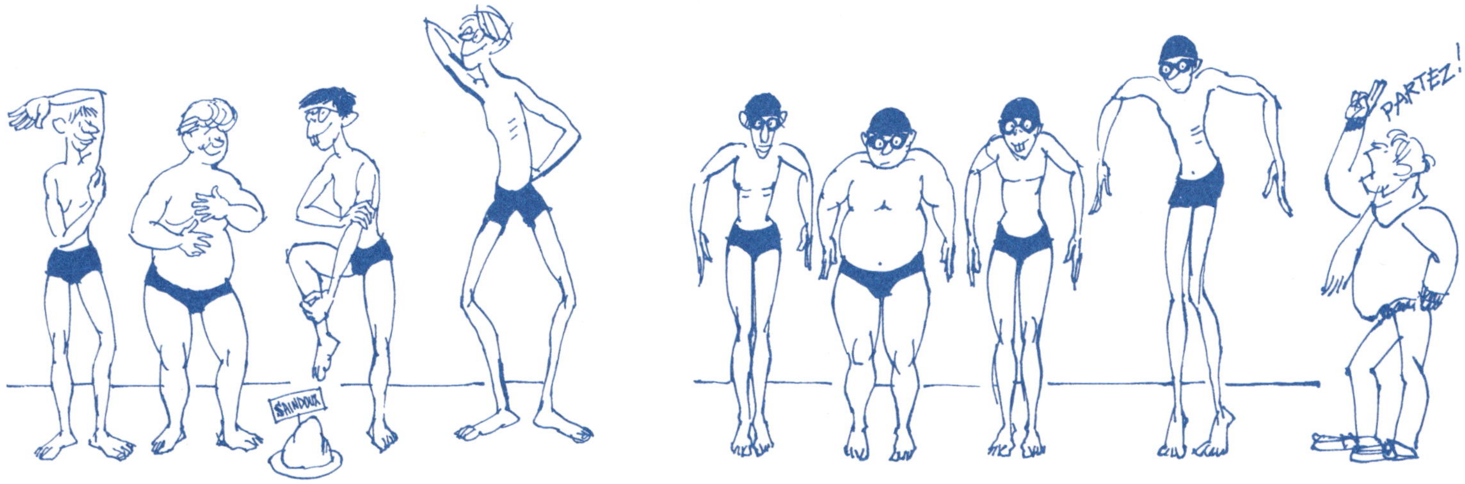

1965

Natation

– Battez des pieds ! Battez des pieds !
1957 ★

– ... Un les bras ... Deux les jambes...
1960

"Paris-Plage" 2004
avec un bassin de baignade...

– ... se baigner dans la Seine !
... Delanoë tient même les promesses de Chirac
2004 ★

1982

2012

–Je dois vous dire que ma maman m'accompagne aujourd'hui...
1957

Nautisme

1965

1996

2010 ★

2002 ★

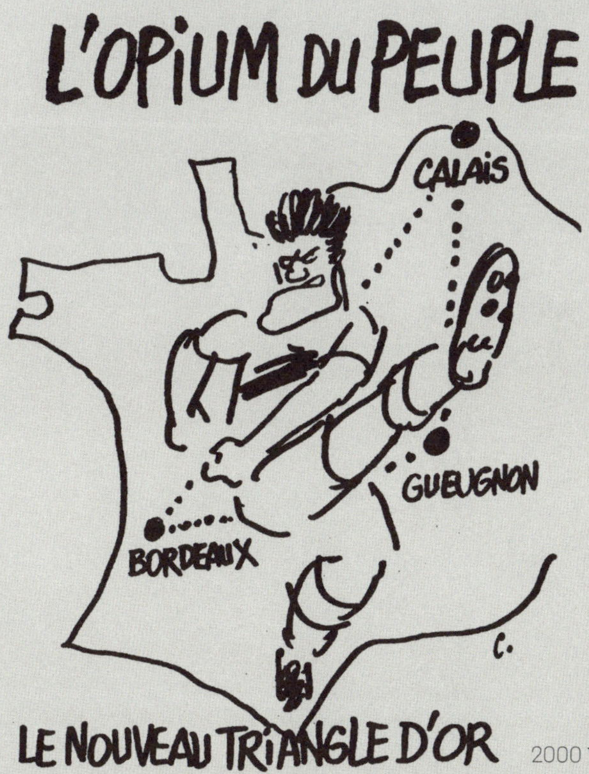

2000 ★

Pain et jeux

PENDANT LE MONDIAL,
LES ÉLECTIONS CONTINUENT
cabu

2004

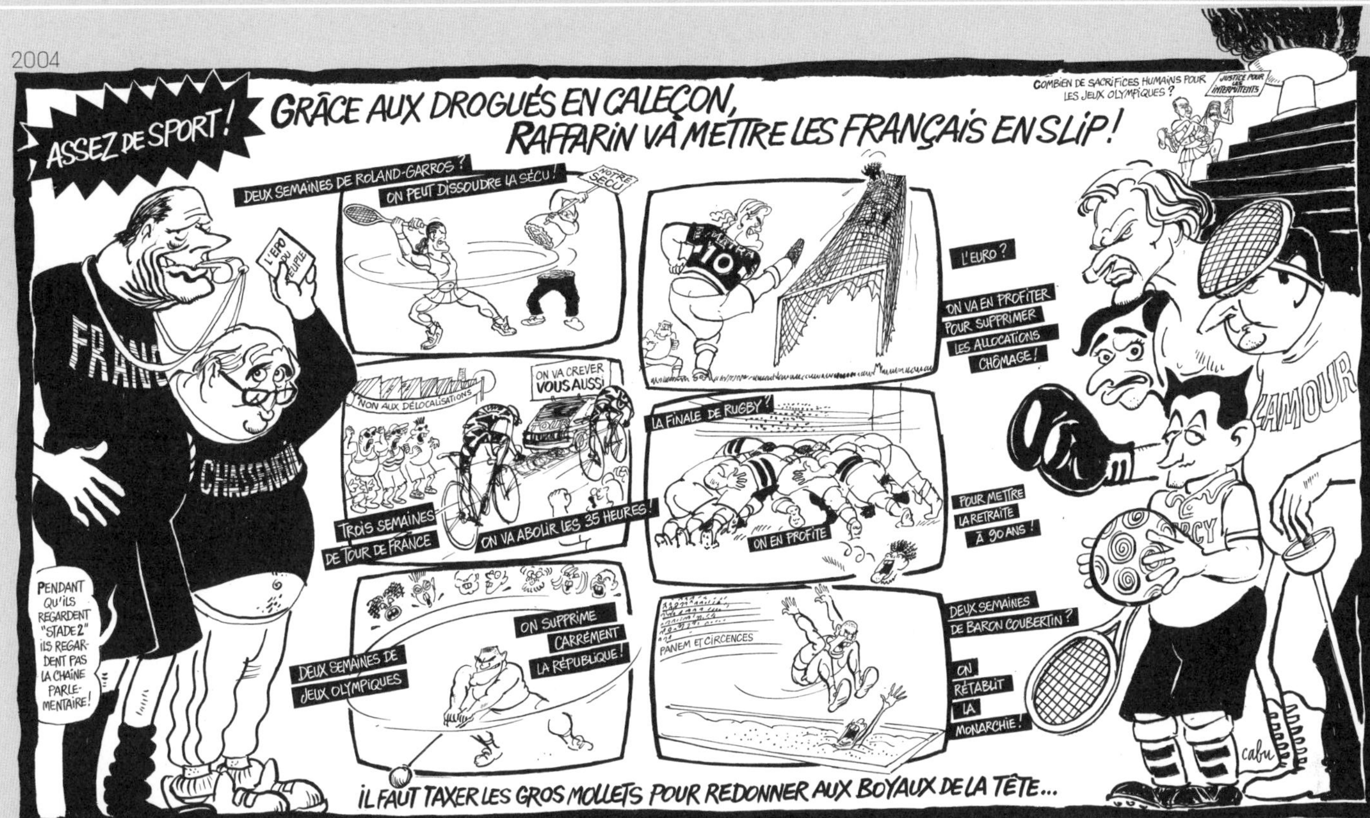

Jospin confiant

– Avec un match tout les après-midi, ça peut marcher, les 35 heures !

1998 ★

La rentrée sera dure !

2012 ★

2000 ★

P

Paris sportifs

2001 ★

2011

JO chez les mormons : figures trop suggestives interdites

2002 ★

Stalactite et Stalagmite à Nagano

–Moi je patine, mais lui, il dérape !

1998

Ça patine !

2015

1987 ★

Jour de repos

1952 ★★

Tour : assez de contrôles tatillons

1980 ★

1994 ★

2010 ★

Connaissez-vous les grimaces des Géants du Tour?
grimace classique-
grimace de grimpeur "en danseuse"-
grimace des pavés du Nord-
(avec tics et claquements de dents)
grimace avec projection-
grimace de maillot jaune destitué-
grimace d'un échappé au peloton...
autre grimace par le même 5 secondes après-
(il avait lâché son guidon)
et grimace finale-
cabu

1978

Perche

Perdu (On a)

Trop tôt, les soldes ?
2004★

Soif de médailles
1988★

Mon Beauf... et la France qui gagne ?

1988

Les réactions dans le XVIe après la victoire de Barcelone

Nos domestiques espagnols nous font sentir leur victoire !... - 1996 ★

2010

Pétanque

1976

1957

Boules (partie de)

1957

Ping-pong

– Allez, et que LA MEILLEURE gagne !

1956 ★★

Planche à voile

Nouveau blason pour Paris :
Chirac fait la planche à billets...
1982 ★

Dominique de Villepin
2006 ★

1979 ★

LA PLANCHE À VOILE
EST-ELLE DANGEREUSE
PAR GROS TEMPS ?
1980

Plongeon

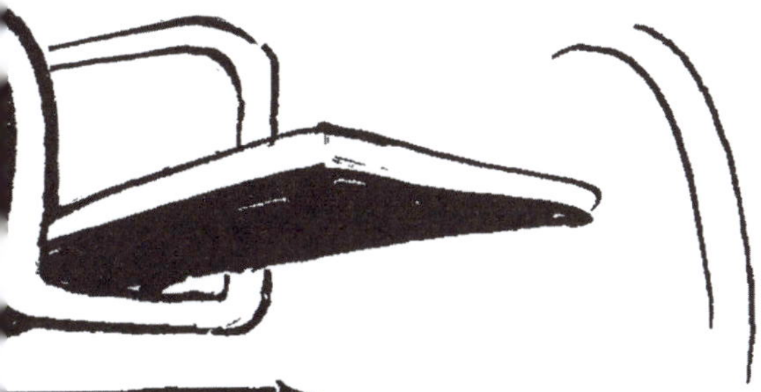

François Bayrou
2000 *

1952 **

Podium

Les Français les plus populaires
2000

L'événement : trois sur le même podium !
1978

Collectionnez les vignettes PANINI :
LES FILLES DU BORDEL DU MONDIAL DE BERLIN
VIGNETTE PANINI
GRETA ET SON "PETIT PONT"
VIGNETTE PANINI
LULU ET LOLA ET LEUR JEU COLLECTIF
VIGNETTE PANINI
ÉVITA CARTON JAUNE DEVANT CARTON MARRON DERRIÈRE
VIGNETTE PANINI
NOLWENN ET SON ART PREMIER PROMOTION THIERRY ROLAND
VIGNETTE PANINI
N'OUBLIE PAS LE PRÉSERVATIF, CHÉRI !
ÉVA ET SA VESSIE DE PORC
VIGNETTE PANINI
RÉDUCTION POUR CEUX QUI ONT VOTÉ NON
ROSA SURNOMMÉE "PLAN B"
VIGNETTE PANINI
FIFI L'ARBITR
VIGNETTE PANINI
FIFA LA SALOPE

2006

Quelqu'un a dû y penser...

– Hélas... j'ai cru qu'elles seraient championnes du monde...

2003 ★

LE BIDE DES PRODUITS DÉRIVÉS

2008 ★

Johnny Hallyday participe au rallye Paris-Dakar - 2002

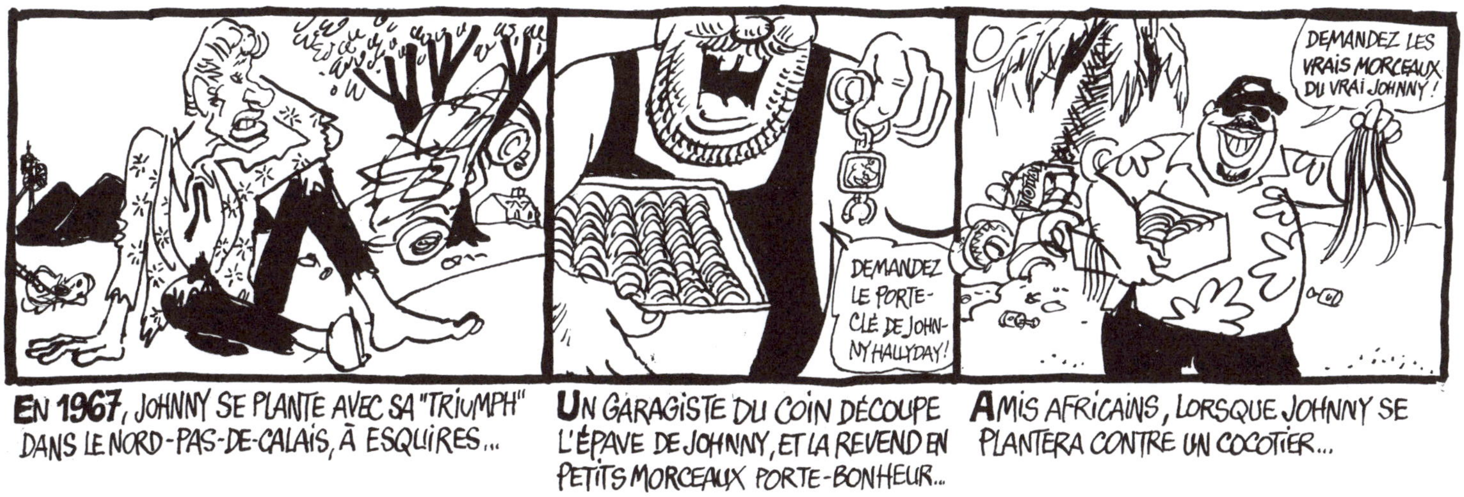

Prof de Gym

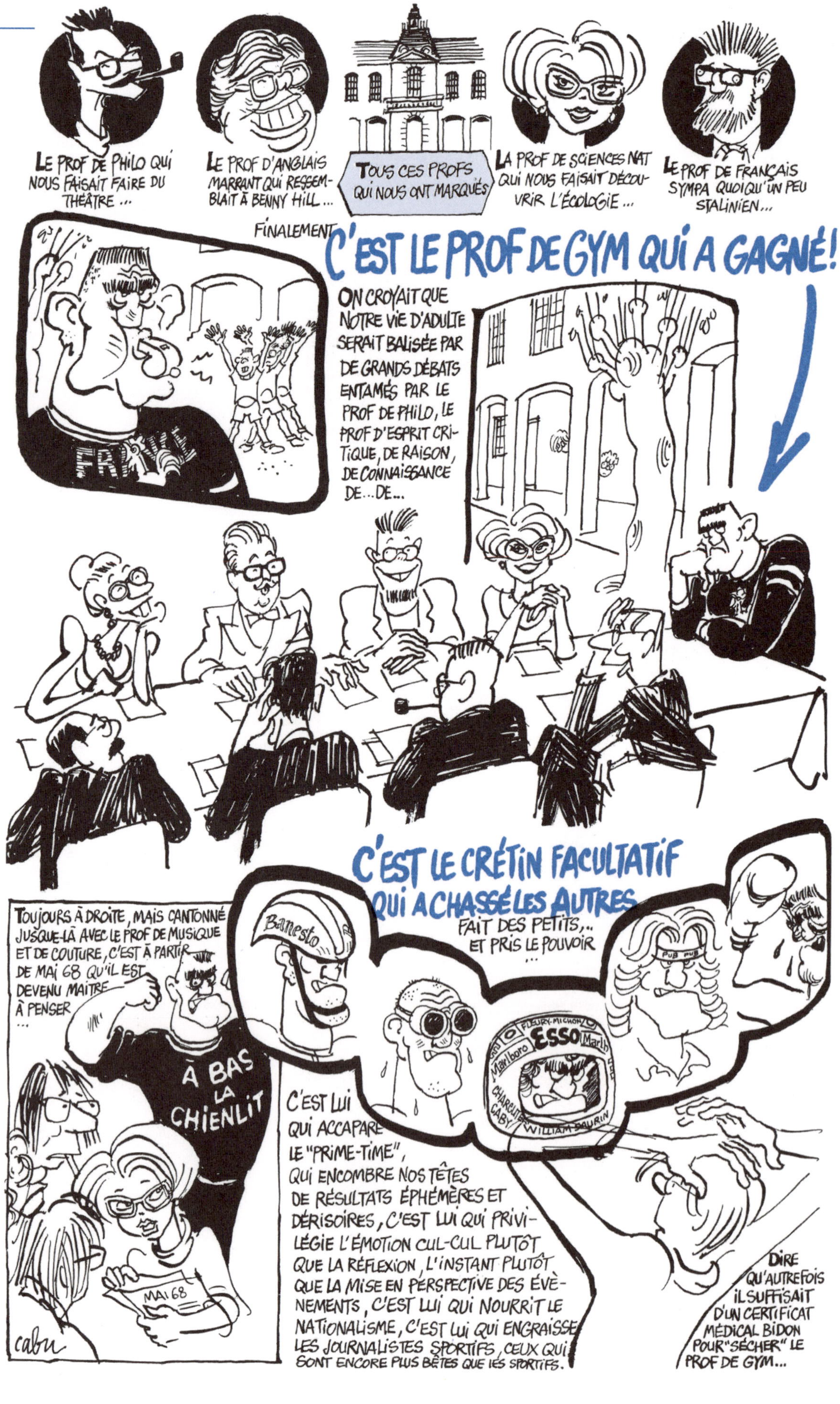

1993

publi cabu
des muscles en 30 jours
...AVEC VOTRE PROF DE GYM'
les leçons particulières ne sont pas faites pour les chiens ...

Le surmenage des villes
1967 ★

publi cabu
faites vous donc dispenser
...DE GYM-
NASTIQUE!
envoi dispense
s.pli
c. 10 timbres
Semeuse 1905
dentelure compl..

1962

Prolongations

1969 ★

Pronostics

– "Brin d'Amour" est placé dans la 5e à Auteuil.

1959 ★★

1966 ★

R

Racisme

2014 ★

1983

FRANCE
trou de balle
BUT !
BUT !
BUT !
HEUREUSEMENT QUE T'AS MARQUÉ LE BUT, ENCULÉ DE BLACKO...
...SINON TU SERAIS PAS RENTRÉ AU MACUMBA SAMEDI !
TF1

ESTIME-TOI HEUREUX QU'ON TE LANCE PAS DES NOIX DE COCO !
OM

FRANCE
HEUREUSEMENT QU'ON A ENCORE NOS COLONIES POUR GAGNER L'EUROFOOT !

1992

Ramadan (dispense de)

1982

Les nouveaux Beaufs et les retombées économiques du Mondial
2014 ★

Retraite

2004 ★

Les nouveaux Beaufs assurent leur retraite
2010 ★

Retransmission

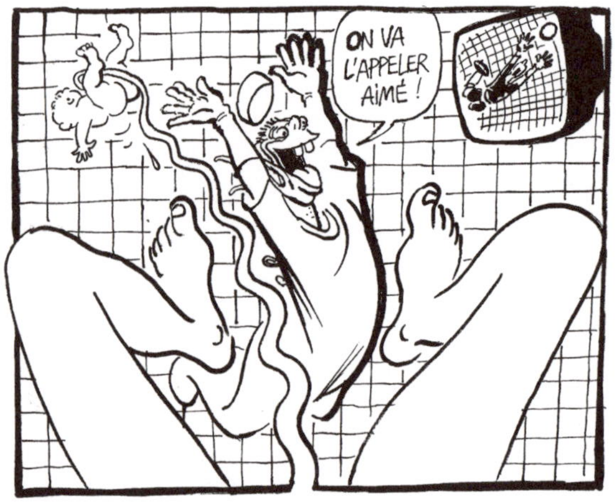

Né pendant le match

1998

1982

Kamikaze !

2004 *

Le foot privatisé !

Désormais, pour voir les matches, ce sera Canal +... ou Orange !

2008

Sondage exclusif : Foot et téléspectateurs

1998

Rien à Foot

1998

Eurofoot : les anti-foot se regroupent

– On espère quand même les prolongations !

1998

2007

Rugby

2011

Pourquoi les femmes aiment le rugby

2010 ★

Stage commando pour nos rugbymen

– Vous n'êtes pas une armée de gonzesses, vous !
Vous partez en guerre contre les All Blacks !

2003 ★

**Grand Chelem,
la France bat l'Écosse**

2010 ★

EN FRANCE, ON N'A PAS DE PÉTROLE
MAIS ON A DES GROS CONS !

1980

– AVANT, ON M'AVAIT APPRIS À DIRE QUE C'ÉTAIT LA FAUTE DE L'ARBITRE, DU TERRAIN, DU MENTAL, DU COLLECTIF... AUJOURD'HUI, FINI DE TORTILLER DU CUL : SI ON A PERDU, C'EST QU'ON N'A PAS PRIS DE CRÉATINE COMME CEUX D'EN FACE !

2000 ★

1999

Salaires

2008

Saut en longueur

1964

1964

CLAS
aigle des cimes ravitaillé par les corbeaux
fiancée à l'heure du courrier redoutant que le facteur ne se soit égaré dans la neige
femme de facteur inquiète attendant son mari
rire sardonique d'un villageois qui, lui, reçoit son courrier par pigeon-voyageur
poteaux télégraphiques posés jadis par des naufrageurs pour tromper les voyageurs égarés (légende)
tremplin olympique désaffecté
centenaire rebouteux et guérisseur
tas de fumier
centenaire
rebouteux
guérisseur
épicerie-buvette-baby foot-casino
Ce qu'il reste de la camionnette de l'épicier attaqué par les aigles (légende)
chalet loué par un collège de filles
coucou
côté occupé
réserve de patates
boule de neige qui atterrira la bassine d'e (Ah! Ah! Ah!)
chevreau ramenant la chèvre de M. Seguin (légende)
CAFÉ DES CIMES
pion surveillant la corvée de peluches
berger attendant la transhumance
écoliers n'allant pas à l'école (trop de neige)
élèves ayant goûté le vin de pays ou "Remonte pente"
skieur ayant emprunté le tremplin olympique moins de 2 heures après avoir mangé
analphabète depuis 52 ans (trop de neige)
facteur
St Bernard
Inspecteur (déguisé) qu'on n'attend pas... (légende)
illetré depuis 60 ans (trop de neige)
élèves payés pour balayer la neige
CHASSE NEIGE
St Bernard reconduisant le petit chien d'Astérix qui s'était trompé de page
schlitteur et sa schlitte
Duduchorama
ÉCHELLE (1 mm sur le dessin ne représente pas grand chose sur le terrain.)

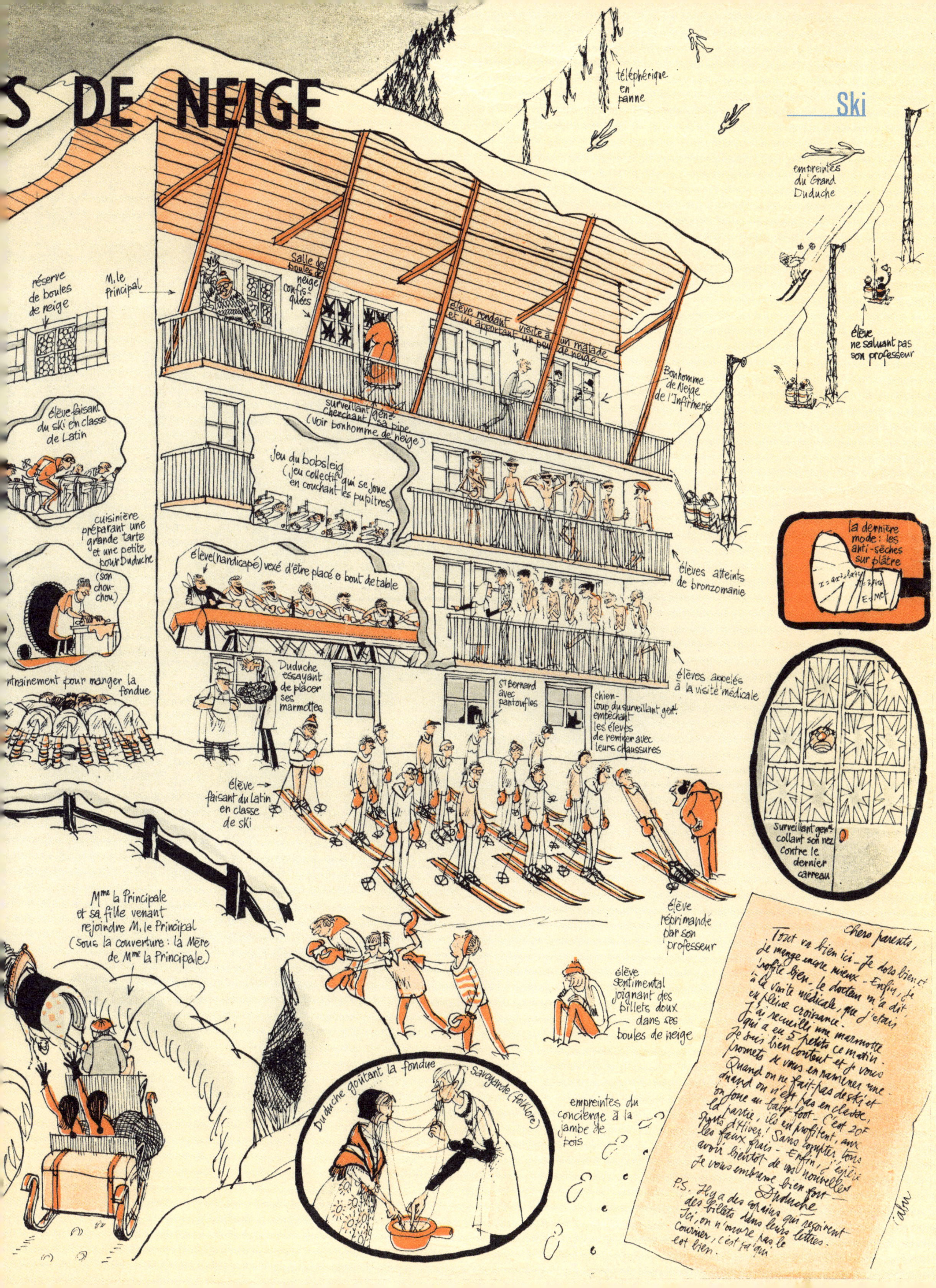
S DE NEIGE
téléphérique en panne
empreintes du Grand Duduche
élève ne saluant pas son professeur
réserve de boules de neige
M. le Principal
Salle des boules de neige confisquées
élève rendant visite à un malade et lui apportant un peu de neige
Bonhomme de Neige de l'Infirmerie
surveillant gén. cherchant sa pipe (voir bonhomme de neige)
élève faisant du ski en classe de Latin
jeu du bobsleig (jeu collectif qui se joue en couchant les pupitres)
cuisinière préparant une grande tarte et une petite pour Duduche (son chouchou)
la dernière mode : les anti-sèches sur plâtre
élève (handicapé) vexé d'être placé a bout de table
élèves atteints de bronzomanie
entraînement pour manger la fondue
Duduche essayant de placer ses marmottes
St Bernard avec pantoufles
chien-loup du surveillant gén. empêchant les élèves de rentrer avec leurs chaussures
élèves appelés à la visite médicale
élève faisant du Latin en classe de ski
Surveillant gén. collant son nez contre le dernier carreau
élève réprimandé par son professeur
Mme la Principale et sa fille venant rejoindre M. le Principal (sous la couverture : la Mère de Mme la Principale)
élève sentimental joignant des billets doux dans ses boules de neige
Duduche goûtant la fondue
Savoyarde (Folklore)
empreintes du concierge à la jambe de bois
Chers parents,
Tout va bien ici - Je dors bien et je mange encore mieux - Enfin, je profite bien - le docteur m'a dit, à la visite médicale, que j'étais en pleine croissance.
J'ai recueilli une marmotte qui a eu 5 petits ce matin.
Je suis bien content et je vous promets de vous en ramener une.
Quand on ne fait pas de ski et quand on n'est pas en classe, on joue au baby-foot - C'est 20F la partie, ils en profitent, aux Sports d'Hiver ! Sans compter tous les faux frais - Enfin, j'espère avoir bientôt de vos nouvelles
Je vous embrasse bien fort -
Duduche
P.S. Il y a des copains qui reçoivent des billets dans leurs lettres. Ici, on n'ouvre pas le courrier, c'est ça qui est bien.
Cabu

Chamrousse ou tout le confort olympique

1968 ★

1974 ★

Pour les 1ers Jeux verts Lalonde et Waechter n'ont pas été séléctionnés

1992 ★

Ski nautique

1996 ★

La Solitaire du *Figaro*

Pour Chirac qui joue "perso" !

Solitaire (Transat en)

1980 ★

Sponsors

1980 ★

1982

Paris-Dakar :

Les plus malheureuses sont celles qui restent

La Route du Rhum…

… Ils naviguent de conserve

1982

2009 ★

Une grande date dans l'histoire de l'humanité

– Fini d'attendre nos marins !… On cherche un sponsor et on se tire comme Florence Arthaud !

1990 ★

2010

2010

Récréation

1959

– Un chapelet à la corde à nœuds !

1962

Sport à l'école

1964

– Dédé, rentre ton ventre et sors la poitrine… Catherine, fais le contraire !

1958 ★

Les nouveaux Beaufs : le match retour

2014

1964 ★

1986

Juppé : encore des manifs !
1996 ★

1975

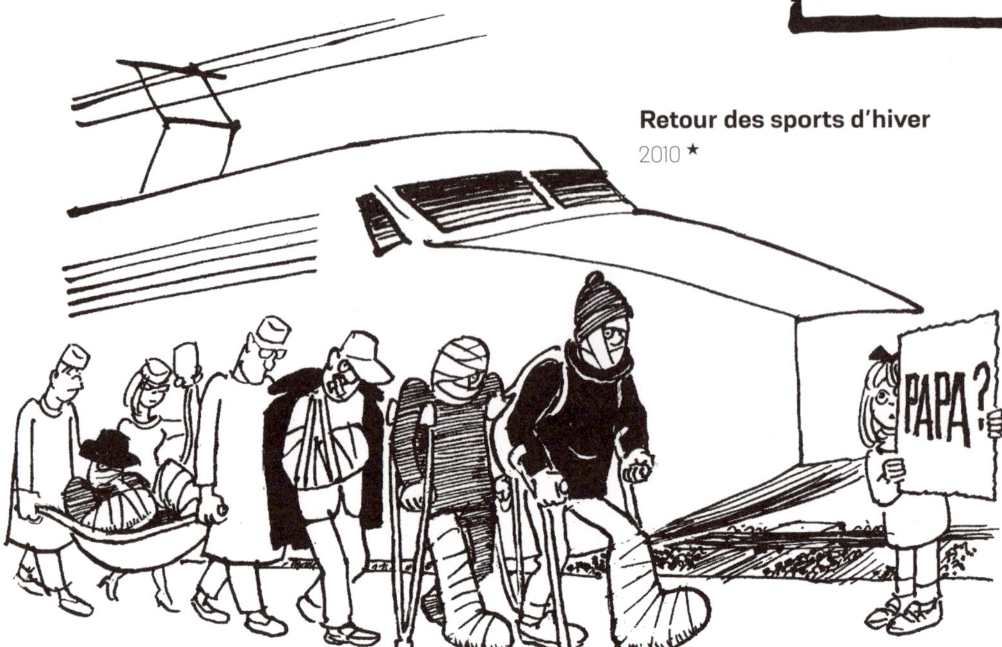

Retour des sports d'hiver
2010 ★

2003

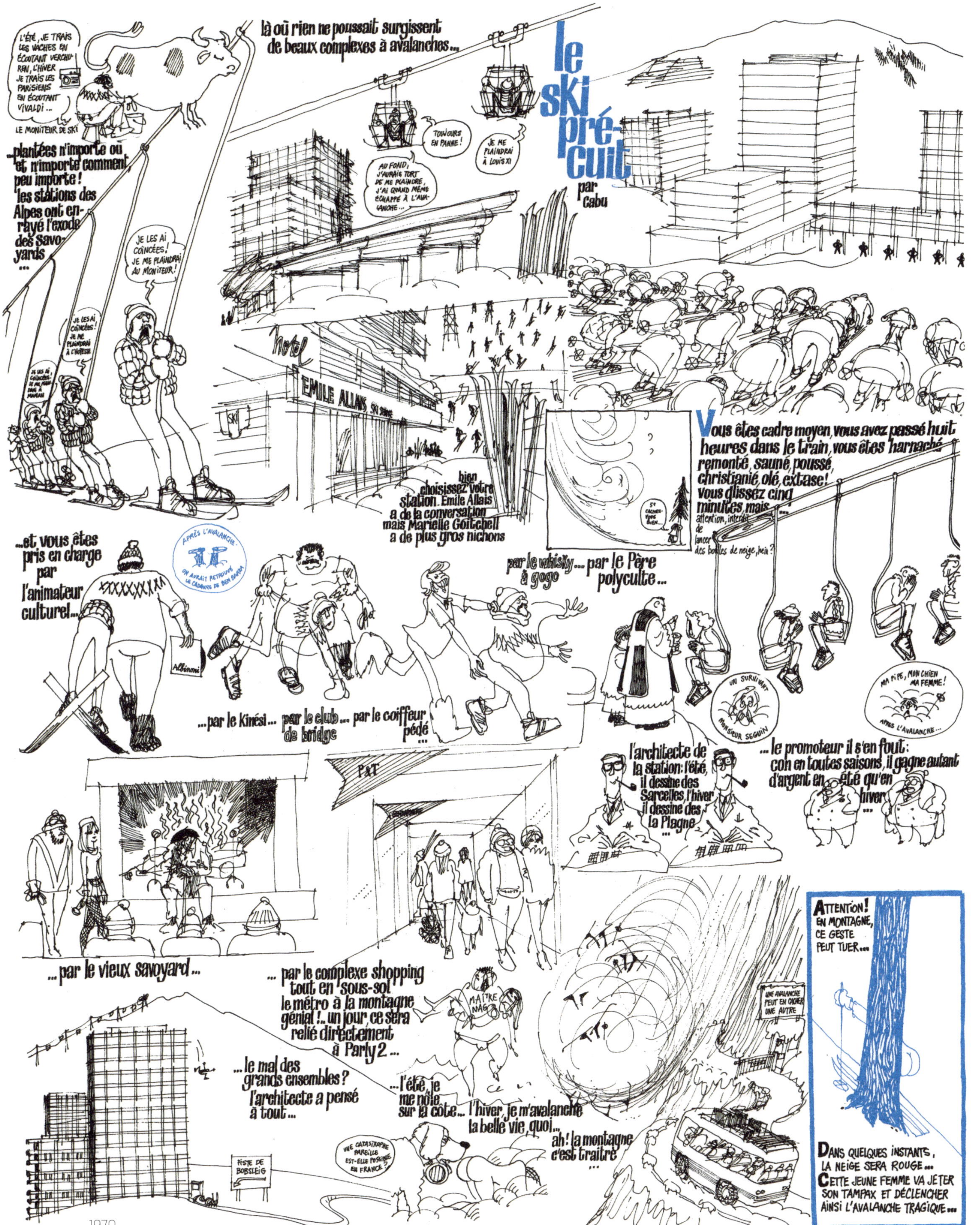
le ski pré-cuit
par Cabu
L'ÉTÉ, JE TRAIS LES VACHES EN ÉCOUTANT VERCHUREN, L'HIVER JE TRAIS LES PARISIENS EN ÉCOUTANT VIVALDI...
LE MONITEUR DE SKI
là où rien ne poussait surgissent de beaux complexes à avalanches...
...plantées n'importe où et n'importe comment, peu importe ! les stations des Alpes ont enrayé l'exode des Savoyards...
TOUJOURS EN PANNE !
JE ME PLAINDRAI À LOUIS XI
AU FOND, J'AURAIS TORT DE ME PLAINDRE, J'AI QUAND MÊME ÉCHAPPÉ À L'AVALANCHE...
JE LES AI COINCÉES ! JE ME PLAINDRAI AU MONITEUR !
JE LES AI COINCÉES ! JE ME PLAINDRAI À L'HÔTESSE
hotel
EMILE ALLAIS
SKI
bien choisissez votre station. Emile Allais a de la conversation mais Marielle Goitchell a de plus gros nichons
Vous êtes cadre moyen, vous avez passé huit heures dans le train, vous êtes harnaché remonté, sauné, poussé, christianié, olé, extase ! vous glissez cinq minutes, mais...
attention, interdit de lancer des boules de neige, hein ?
...et vous êtes pris en charge par l'animateur culturel...
APRÈS L'AVALANCHE - ON AURAIT RETROUVÉ LE CADAVRE DE BEN BARKA
Albinoni
par le whisky à gogo... par le Père polyculte...
...par le kinési... par le club de bridge... par le coiffeur pédé...
UN SURVIVANT MONSIEUR SEGUIN
MA PIPE, MON CHIEN MA FEMME !
APRÈS L'AVALANCHE...
l'architecte de la station : l'été, il dessine des Sarcelles, l'hiver il dessine des La Plagne
...le promoteur il s'en fout : con en toutes saisons, il gagne autant d'argent en été qu'en hiver...
P&T
...par le vieux savoyard...
...par le complexe shopping tout en sous-sol le métro à la montagne génial !.. un jour, ce sera relié directement à Parly 2...
MAÎTRE NAG
...le mal des grands ensembles ? l'architecte a pensé à tout...
...l'été, je me nole sur la côte... l'hiver, je m'avalanche la belle vie, quoi...
ah ! la montagne c'est traître...
UNE CATASTROPHE PAREILLE EST-ELLE POSSIBLE EN FRANCE ?
PISTE DE BOBSLEIG
UNE AVALANCHE PEUT EN CACHER UNE AUTRE
ATTENTION ! EN MONTAGNE, CE GESTE PEUT TUER...
DANS QUELQUES INSTANTS, LA NEIGE SERA ROUGE... CETTE JEUNE FEMME VA JETER SON TAMPAX ET DÉCLENCHER AINSI L'AVALANCHE TRAGIQUE...

1970

Sumo

2011

Supporters

1978

1986

LA VIE ÉRUCTÉE
OM
LE RETOUR DE LA BARBARIE
Les mêmes qui bizutent
les mêmes qui fêtent la quille
les mêmes qui perpétuent la chambrée
PSG
les mêmes qui défilent sur les Champs-Elysées en MAI 68
« COHN-BENDIT AU FOUR ! »
les mêmes qui violent collectivement
les mêmes qui jettent des bananes à BELL et BOLI
les mêmes qui hurlent O.M… O.M…
O.M… O.M
LE FOOT C'EST LA LOI DU PLUS FORT !
…finissent par foutre le feu aux Turcs.
cabu

1993

Supportrices

1998 ★

1971

1977 ★

2012 ★★

1995

Tactique

2002

1998

1982

Tennis

Roland-Garros 1989
Le serment du "Jeu de paume"

1989

Évolution du tennis féminin

1986 ★

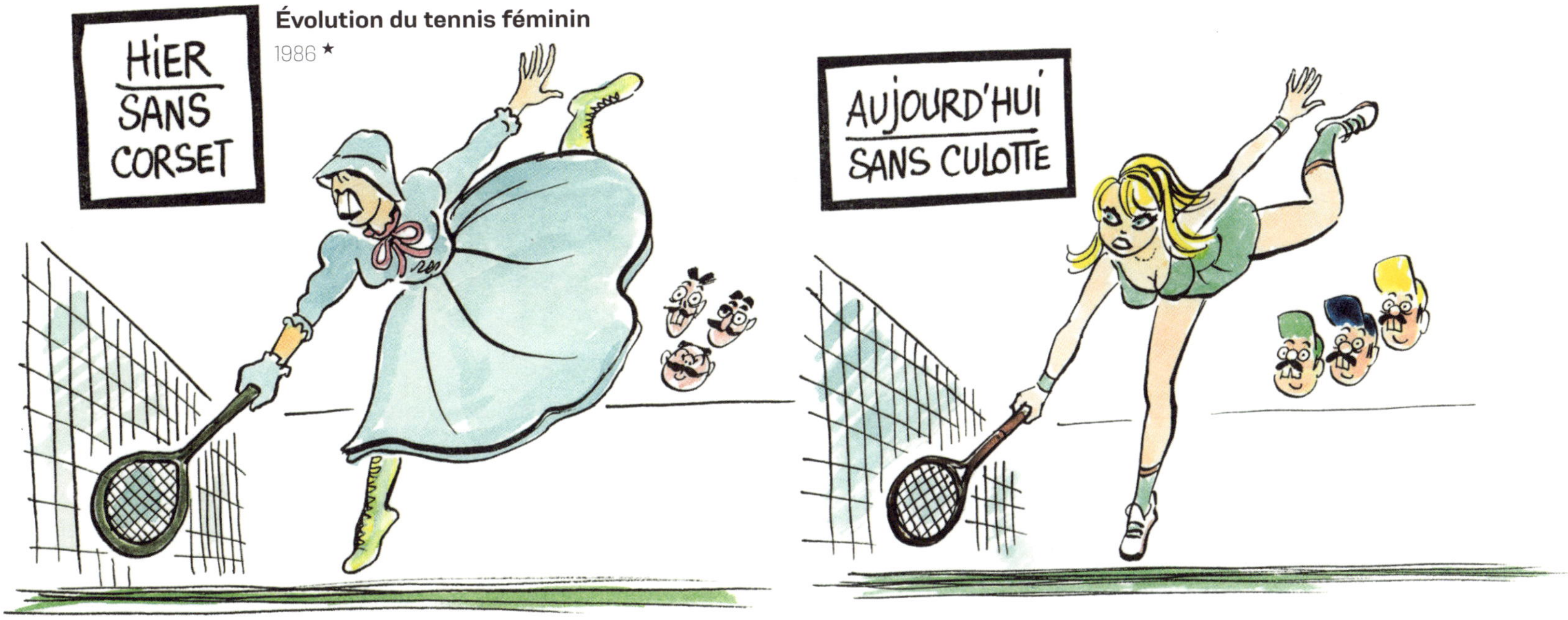

2005

2007

2007

ROLAND GARROS: CONSEILS AUX RESQUILLEURS

GLING
CLING
Mac Enroe : « Ça sent l'oignon ! » il voulait dire : « ça sent le pognon »
BOUTIQU
ROLAND-GARRO
25000 caleçons "R.G" vendus en 5 jours. Rupture de stock.
Quoi de neuf à Roland Garros ? Eh bien, les caleçons !
C'est comme si vous voulez resquiller place Rouge !
La resquille du 3e âge. Ça peut marcher. « J'ai connu personnellement Monsieur Roland Garros... »
ON N'EST PAS DES BELGES !
sucre
20.000 places en sous-sol, c'est pour bientôt ? Voir Navratilova par en-dessous ... un rêve !
sucre
café
sel
thé
sucre
sucre
Et les sponsors ? Pourquoi se limiter au SUCRE ?
Roland Garros est un monde idéal. Pas de hooligan. Sinon quelques resquilleurs.
PRO TEAM
Certaines resquilleuses se glissent dans les sacs des champions, au départ de l'hôtel...
Risque : la fermeture éclair qui se coince
JE VOUDRAIS UNE PLACE SUR LE COURT CENTRAL !
et l'aller-et-retour Hôtel-Roland Garros... sans sortir du sac !
Cabu

Tiercé

1996

1974

PENDANT LA GUERRE LE TIERCÉ CONTINUE !

1980

2008

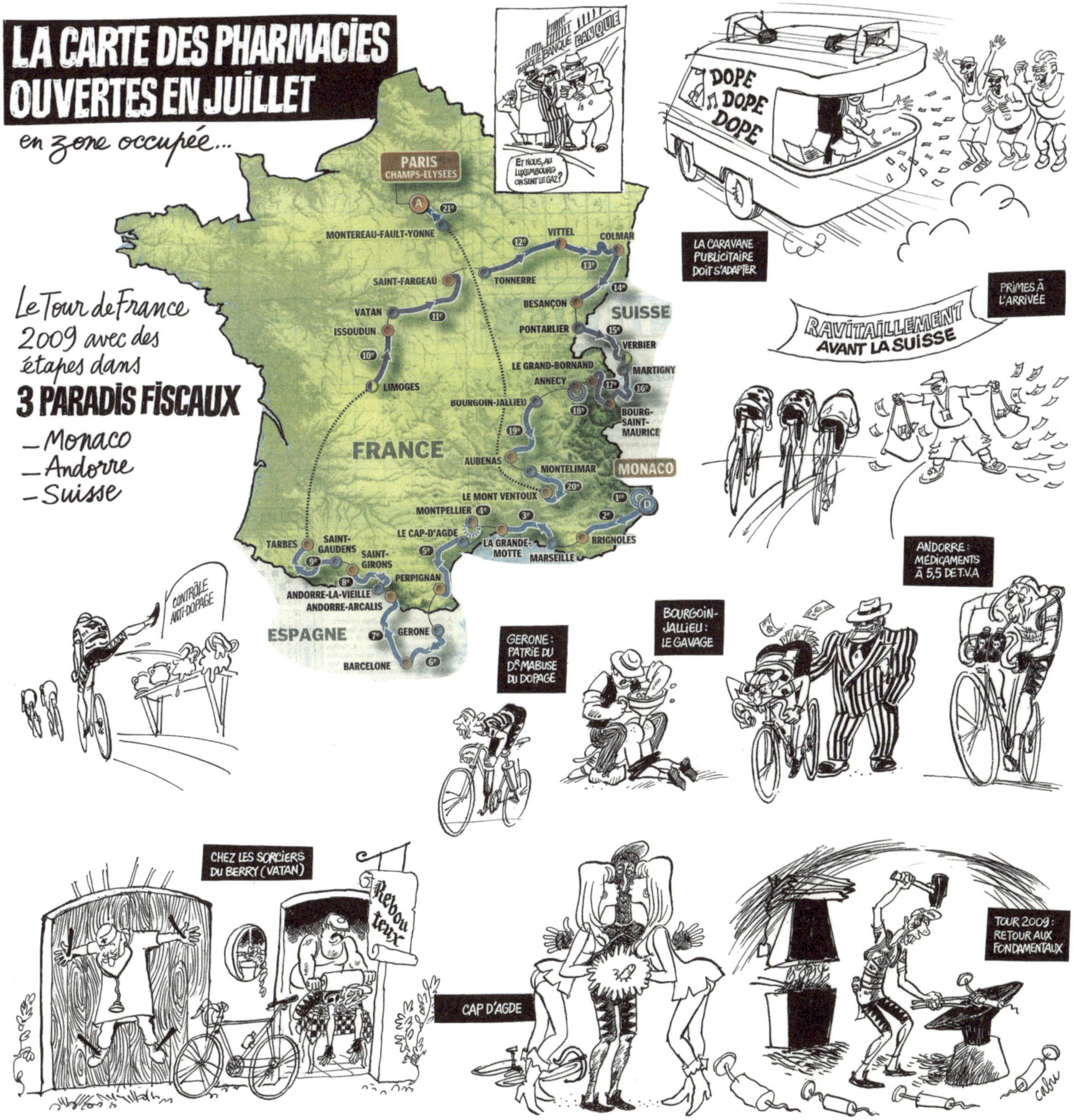

LA CARTE DES PHARMACIES OUVERTES EN JUILLET
en zone occupée...
PARIS
CHAMPS-ELYSEES
MONTEREAU-FAULT-YONNE
VITTEL
COLMAR
SAINT-FARGEAU
TONNERRE
VATAN
BESANÇON
SUISSE
ISSOUDUN
PONTARLIER
VERBIER
MARTIGNY
LE GRAND-BORNAND
ANNECY
LIMOGES
BOURGOIN-JALLIEU
BOURG-SAINT-MAURICE
FRANCE
AUBENAS
MONTELIMAR
MONACO
LE MONT VENTOUX
MONTPELLIER
LE CAP-D'AGDE
TARBES
SAINT-GAUDENS
SAINT-GIRONS
LA GRANDE-MOTTE
MARSEILLE
BRIGNOLES
PERPIGNAN
ANDORRE-LA-VIEILLE
ANDORRE-ARCALIS
ESPAGNE
GERONE
BARCELONE
Le Tour de France 2009 avec des étapes dans
3 PARADIS FISCAUX
– Monaco
– Andorre
– Suisse
BANQUE
ET NOUS, AU LUXEMBOURG ON SENT LE GAZ?
DOPE DOPE DOPE
LA CARAVANE PUBLICITAIRE DOIT S'ADAPTER
PRIMES À L'ARRIVÉE
RAVITAILLEMENT AVANT LA SUISSE
CONTRÔLE ANTI-DOPAGE
GERONE : PATRIE DU Dr MABUSE DU DOPAGE
BOURGOIN-JALLIEU : LE GAVAGE
ANDORRE : MÉDICAMENTS À 5,5 DE T.V.A
CHEZ LES SORCIERS DU BERRY (VATAN)
Rebouteux
CAP D'AGDE
TOUR 2009 : RETOUR AUX FONDAMENTAUX

Tour « féminin »

Le Tour de France féminin

1987

1992

CENTRE DE RÉÉDUCATION POUR ENFANTS CARACTÉRIELS
ALLO? "FRANCE-CULTURE" VOUS M'ENTENDEZ? REUH... REUH... ICI FRANÇOIS MAURIAC QUI VOUS PARLE DE LA ROUTE DU TOUR
IL EST CHOUETTE, DÉSIRÉ LETORT, IL M'A LAISSÉ TOUS SES ROMANS-FILMS...
HOTEL DU PALAIS
HOTEL
Pour rehausser le niveau intellectuel, on a fait appel cette année à Léon Zitrone, Maurice Biraud et Roger Couderc. EST-CE SUFFISANT?
ENQUETE RAPIDE SUR LE NIVEAU INTELLECTUEL DU TOUR DE FRANCE 69
ROGER
BIBI
LÉON!
C'EST ROGER
C'EST BIBI!
C'EST LÉON!
LÉON
LÉON! LÉON!
ARGNN ARGNN LÉON!
RTL
BIRAUD
M'SIEUR ANTONIN MAGNE, UNE DÉDICACE, S.V.P SUR VOTRE BEAU LIVRE...(*)
(*) POULIDOR OU LA GLOIRE SANS MAILLOT JAUNE
On voit ici le régional de l'étape tirer la langue à son vieil instituteur...
O GALIBIER! GÉANT COURONNÉ DE NEIGE IMMACULÉE...
J'SUIS BIEN CONTENT D'AVOIR FAIT LE MAXIMUM CAR EUH J'EN PROFITE POUR DIRE BONJOUR AU PAPA ET À LA MANMAN...
POULIDOR
ANTONIN MAGNE
MERCX
Autrefois, Coppi était reçu par les notables de la ville-étape. Aujourd'hui, c'est de plus en plus rase...
LONGINES
LES JEUX...
Parmi ces 5 hommes, il y a un flic... cherchez-le.
LES ATTRACTIONS - Alain Barrière, et ses jambes en cerceau, chante "MA VIE" (ou "TRENTE ANS SUR UN VÉLO")
EUROPE 1
JE ME LA TAPERAIS BIEN...
MOI AUSSI
MONSIEUR VIRLUX
MERCKX
VIRLUX
FUMAGOU
EN PLUS DE LA BAISSE DU NIVEAU INTELLECTUEL, ON ENREGISTRE UNE BAISSE DE LA MORALITÉ. POURQUOI FAIRE TOUJOURS REMETTRE LE BOUQUET AU VAINQUEUR PAR UNE REINE DE BEAUTÉ BÊBÊTE, ALORS QU'IL Y A DES PROFESSEURS AGRÉGÉES...
JE ME LE TAPERAIS BIEN...
MERCKX
BEN ET MOI, DONC!
T'ES À QUEL HOTEL CE SOIR?
RENAULT
QU'EST-CE QU'IL A À ME CARESSER À REBROUSSE-POIL CE CON-LÀ?
QUANT AUX SUIVEURS DE LA CARAVANE PUBLICITAIRE, N'EN PARLONS PAS, ILS SONT "EN PAYS CONQUIS"...
LA MAGIE A DISPARU... LE TOUR EST UN ÉNORME CIRQUE COMMERCIAL. QUAND IL S'EN VA, LE ROND DANS L'HERBE NE FAIT PLUS RÊVER... C'EST ZITRONE QUI ÉTAIT ASSIS LÀ...
Pernod
BANANE
DE COIFFURE
SALON DE COIFFURE
TOUR DE FRANCE DE 2 ENFANTS
PRIME A 50M
Ah! où sont les Tours de France d'antan...

1969

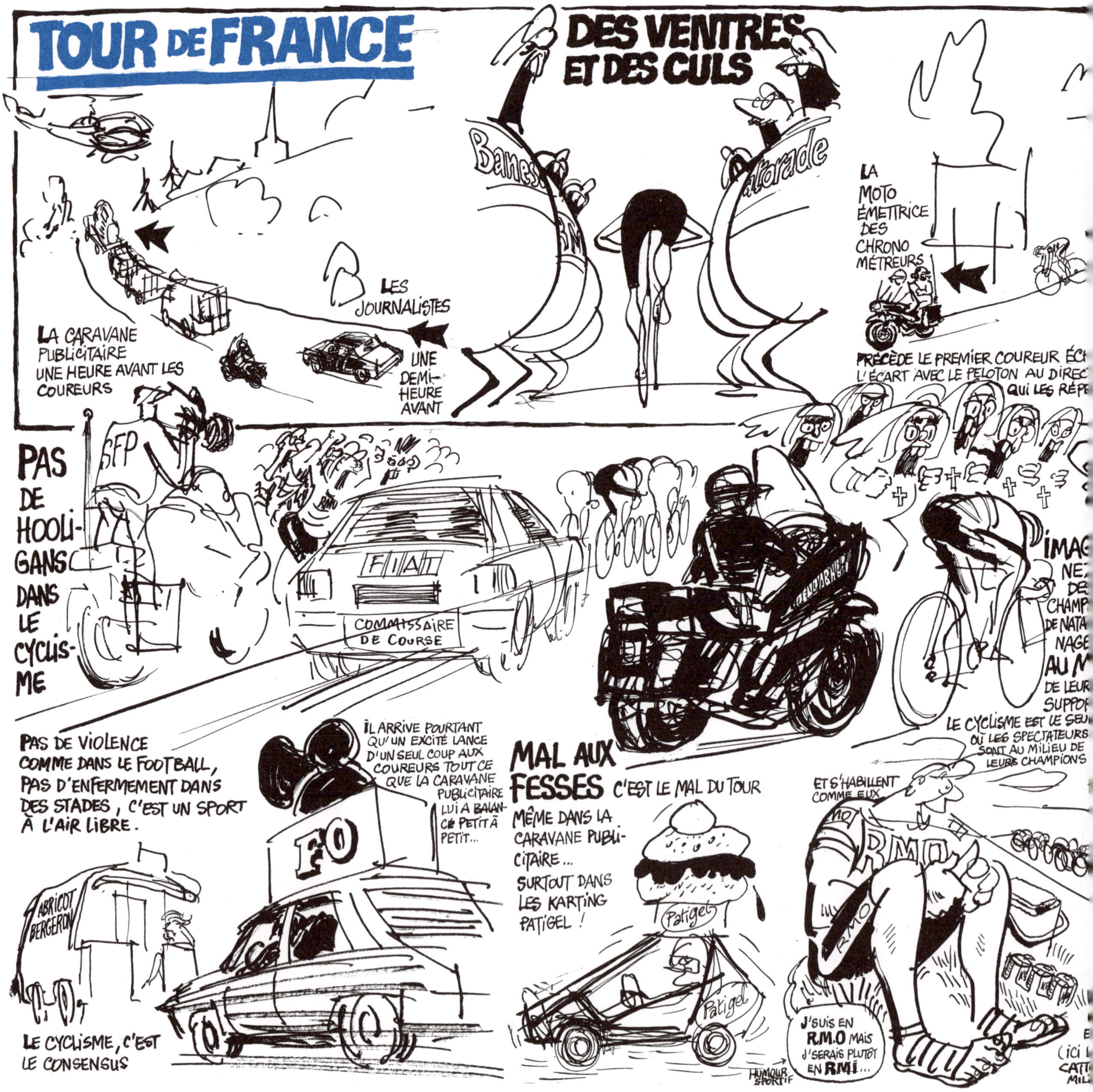

TOUR DE FRANCE
DES VENTRES ET DES CULS
Banesto
Gatorade
RMO
LA CARAVANE PUBLICITAIRE UNE HEURE AVANT LES COUREURS
LES JOURNALISTES UNE DEMI-HEURE AVANT
LA MOTO ÉMETTRICE DES CHRONOMÉTREURS
PRÉCÈDE LE PREMIER COUREUR ÉC
L'ÉCART AVEC LE PELOTON AU DIREC
QUI LES RÉPE
PAS DE HOOLIGANS DANS LE CYCLISME
SFP
FIAT
COMMISSAIRE DE COURSE
IMAG
NE
DE
CHAMP
DE NATA
NAGE
AU M
DE LEUR
SUPPO
LE CYCLISME EST LE SEU
OÙ LES SPECTATEURS SONT AU MILIEU DE LEURS CHAMPIONS
PAS DE VIOLENCE COMME DANS LE FOOTBALL, PAS D'ENFERMEMENT DANS DES STADES, C'EST UN SPORT À L'AIR LIBRE.
IL ARRIVE POURTANT QU'UN EXCITÉ LANCE D'UN SEUL COUP AUX COUREURS TOUT CE QUE LA CARAVANE PUBLICITAIRE LUI A BALANCÉ PETIT À PETIT...
FO
ABRICOT BERGERON
LE CYCLISME, C'EST LE CONSENSUS
MAL AUX FESSES C'EST LE MAL DU TOUR
MÊME DANS LA CARAVANE PUBLICITAIRE...
SURTOUT DANS LES KARTING PATIGEL !
Patigel
ET S'HABILLENT COMME EUX
RMO
J'SUIS EN R.M.O MAIS J'SERAIS PLUTÔT EN RMI...
HUMOUR SPORTIF

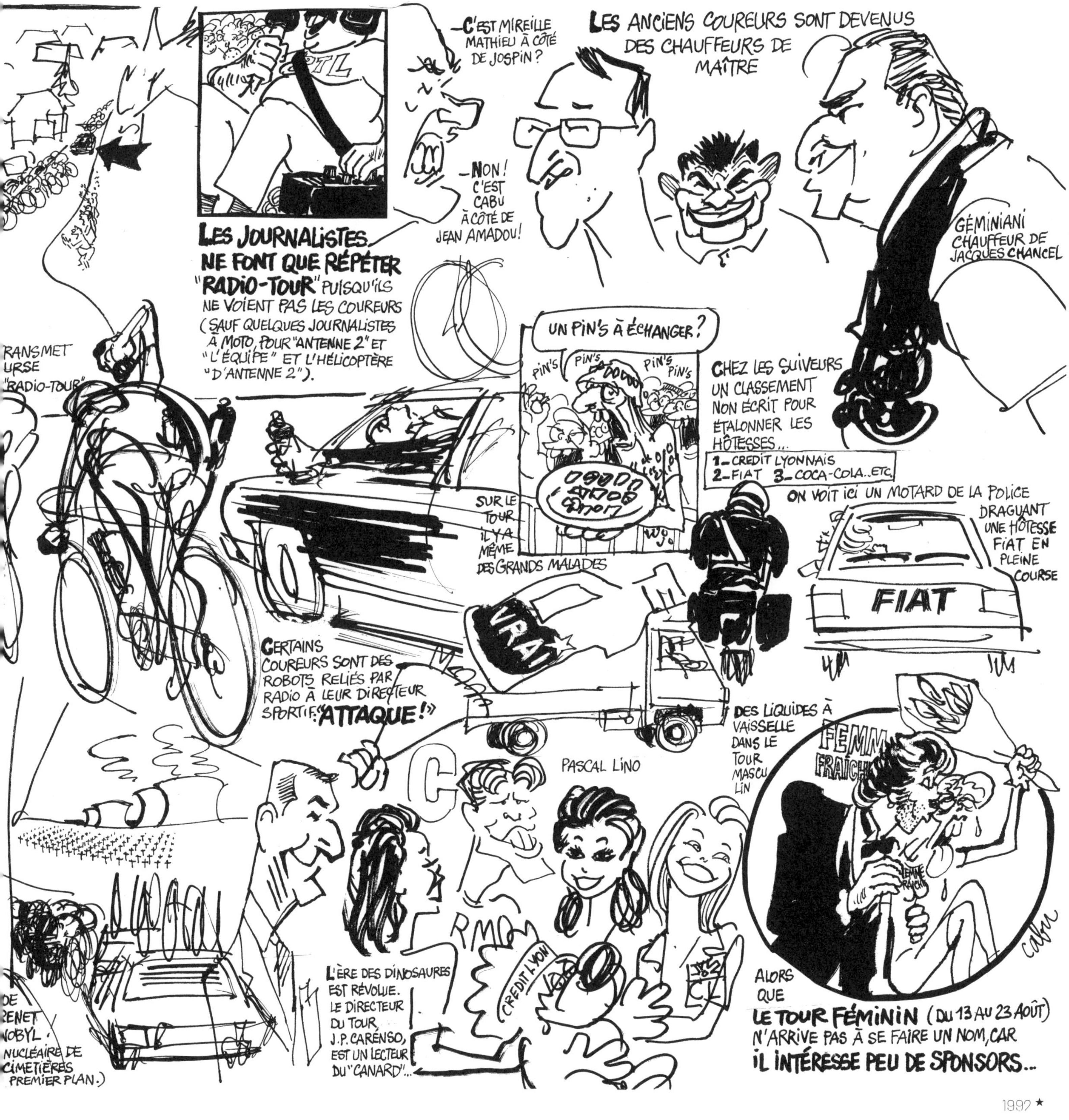

LES JOURNALISTES NE FONT QUE RÉPÉTER "RADIO-TOUR" PUISQU'ILS NE VOIENT PAS LES COUREURS (SAUF QUELQUES JOURNALISTES À MOTO, POUR "ANTENNE 2" ET "L'ÉQUIPE" ET L'HÉLICOPTÈRE "D'ANTENNE 2").
—C'EST MIREILLE MATHIEU À CÔTÉ DE JOSPIN ?
—NON ! C'EST CABU À CÔTÉ DE JEAN AMADOU !
LES ANCIENS COUREURS SONT DEVENUS DES CHAUFFEURS DE MAÎTRE
GÉMINIANI CHAUFFEUR DE JACQUES CHANCEL
RANSMET
URSE
"RADIO-TOUR"
UN PIN'S À ÉCHANGER ?
PIN'S
PIN'S
PIN'S
PIN'S
SUR LE TOUR IL Y A MÊME DES GRANDS MALADES
CHEZ LES SUIVEURS UN CLASSEMENT NON ÉCRIT POUR ÉTALONNER LES HÔTESSES...
1- CRÉDIT LYONNAIS
2- FIAT 3- COCA-COLA..ETC.
ON VOIT ICI UN MOTARD DE LA POLICE DRAGUANT UNE HÔTESSE FIAT EN PLEINE COURSE
FIAT
VRAI
CERTAINS COUREURS SONT DES ROBOTS RELIÉS PAR RADIO À LEUR DIRECTEUR SPORTIF : "ATTAQUE !"
DES LIQUIDES À VAISSELLE DANS LE TOUR MASCULIN
FEMM FRAÎCH
PASCAL LINO
DE
RENET
NOBYL
NUCLÉAIRE DE CIMETIÈRES PREMIER PLAN.)
RMC
CRÉDIT LYON
L'ÈRE DES DINOSAURES EST RÉVOLUE. LE DIRECTEUR DU TOUR, J.P. CARÈNSO, EST UN LECTEUR DU "CANARD"...
ALORS QUE LE TOUR FÉMININ (DU 13 AU 23 AOÛT) N'ARRIVE PAS À SE FAIRE UN NOM, CAR IL INTÉRESSE PEU DE SPONSORS...
cabu

1993

LE TOUR : L'UTOPIE DES BEAUFS
ESPACE LIBRE
BIENTÔT ICI UN SPONSOR
107
FENWICK
UN PAYS QUI A DES REPÈRES
ON NE S'ÉTAIT PAS VUS DEPUIS LA VICTOIRE DE POULIDOR EN 74 !
UN PAYS OÙ 15 MILLIONS DE PETITS COMPTABLES
3'20"
... SURVEILLENT UNE POIGNÉE DE PÉDALEURS
UN PAYS OÙ LES GENS MONTENT SUR LES CHÂTEAUX D'EAU
UN PAYS OÙ RIEN NE POURRAIT FAIRE SORTIR LES GENS DE CHEZ EUX PAS MÊME UN TCHERNOBYL
MAASTRICHT
UN PAYS PLUS FORT QUE TF1
UN PAYS OÙ LES MÉDECINS COUVRENT LA DÉFONCE
FIAT
DIRECTEUR COMMERCIAL
UN PAYS OÙ LA PRESSE EST ENCADRÉE PAR LA PUBLICITÉ ET LA GENDARMERIE
AGF
KAWA
L'ÉQUIPE
GENDARMERIE
cabu

Transferts

1998

2001★

Tonton est beau joueur

1992

1982

Velléité de moralisation dans le monde du football

– Le travail des enfants est interdit... mais pas de taper dans une balle...

2001★

Tremplin

Toujours plus haut !
2010 ★

1992 ★

V

Vestiaire

1962 ★

1958

Volley-ball

DISPENSÉ DE GYM

L'étonnante carrière sportive de Cabu

par Bernard FOURNIER

Gym – Le prof est un de mes fans.
moi, je lui sers parfois de sparing-partner...

1957

En 1952, Cabu gagne un vélo dans le cadre d'un concours de dessin. Son prix lui est remis à Paris au Vélodrome d'Hiver où il fait un tour de piste sous les applaudissements. Dès lors, le vélo et les réactions du public compteront pour lui.
L'Union, 1957

Bernard Fournier :

- Ami de Cabu depuis qu'il l'a invité à faire des reportages et pages d'actualité dans *L'Équipe Magazine* (1982-1986) dont il était le directeur artistique
- Maquette les livres de voyages de Cabu (*Sauve qui peut à l'Est !*, *Cabu en Chine, au Japon, en Inde* et *Revoir Paris*)
- Commissaire de l'exposition « Sport & BD » à Angoulême (2002)
- Conçoit et maquette *Cabu in Jazz*, *Chroniques papales*, *Être ou ne pas être Beauf*, *Pas complétement bête mais pas encore méchant !*
- Directeur artistique et commissaire de l'exposition « Cabu et Paris » (2006)
- Auteur du documentaire *Cabu, politiquement incorrect* (réalisé par Picard et Lambert, 2006)

On part de loin ! Au mitan des années 1950, le lycée de Châlons-sur-Marne – renommé depuis Châlons-en-Champagne – n'évoque pas que de bons souvenirs au jeune Jean Cabut. Surtout les cours d'éducation physique et sportive orchestrés par un prof de gym un rien revêche affublé d'un survêtement tristounet et d'un sifflet à roulette toujours à portée. La mode « sportswear » était encore à inventer et les élèves, eux-mêmes, sont gratifiés d'un short bleu sans fantaisie et d'un maillot de corps blanc sans frivolité. Les exercices sont à l'avenant, partagés entre l'inévitable supplice du grimper de corde et la non moins douloureuse épreuve du saut en ciseau. Même les matches de foot improvisés dans la cour de récré laissent Cabu indifférent. Pas le contexte idéal pour se forger une âme de sportif !

Même le célébrissime Stade de Reims, club phare de l'époque, six fois champion de France et deux fois vainqueur de la Coupe d'Europe entre 1949 et 1963, avec à la pointe de son attaque des joueurs aussi prestigieux que Piantoni, Fontaine ou Kopa, ne parvient pas à enthousiasmer Cabu. Pas plus que les virées alcoolisées des permissionnaires alors très nombreux à Châlons qui, les soirs de match, s'achevaient systématiquement au « Café du Marché » en même temps que celles des supporters du cru. C'est un fait acquis : l'énergumène est rétif au sport. À sa pratique, à son spectacle et aux bandes de fans plus ou moins délurés qui accompagnent le mouvement. Peut-être un peu de marche à pied, quelques balades à vélo, guère plus. Dans tous les cas de figure, l'esprit de compétition le laisse de marbre quand il ne le révulse pas une fois pour toutes.

— Dépêchez-vous, mon vieux. Z'avez 48 heures de retard.
— M'en fous, moi j'termine celui de 1952.

Paradoxe amusant : le tout premier dessin de Cabu (qui signe alors Kbu) publié dans les colonnes de *L'Union* traite du sport !
Et l'on constate déjà les marottes du dessinateur de presse en herbe : montrer les à-côtés des événements et tourner les sportifs en ridicule, avec un faible pour les coureurs du Tour de France.

L'Union, 1953 ★ et 1954 ★

Le football argentin, vu par J. Kabu.

Kabu a fait le Tour de France

— Le sport ne paie pas assez !

— Drôles de cassis dans ce pays !

— Ça s'rait pas vous, les gars du Tour de France ?

1971

Comme pour tout adolescent, le vélo est un moyen de transport et de transports amoureux.
On le retrouve maintes fois dans les planches du Grand Duduche publiées dans *Pilote*.

1971

STRASBOURG-PARIS 1959

En 1959, Châlons pavoise : la course à pied Strasbourg-Paris s'invite dans ses murs. Comme l'épreuve, longue de 500 kilomètres, l'événement en impose. Pendant soixante-dix heures et plus, les vénérables concurrents impressionnent le public massé au bord de la route. Sauf Cabu et son pote Georges Schmitt qui profitent des circonstances pour mettre au point un canular haut de gamme. Georges, habillé en marcheur, sera Gilbert Roger, 117 kilos, leader de l'épreuve. Juché sur un vélo de garçon boucher, Cabu remplira le rôle de son soigneur et deux autres acolytes compléteront l'équipe lancée à l'aventure une heure avant les véritables participants. Le public est médusé. À chaque terrasse de café, Georges ingurgite une coupe de champagne. La presse locale révèle le pot aux roses mais salue la mystification.

L'année suivante, c'est le rallye de Monte-Carlo, également de passage dans la région, qui offre aux loustics matière à un nouveau canular. La voiture d'un équipage suédois est portée disparue à proximité de Châlons et la voilà qui réapparaît sous l'identité d'un antique Velocan-Mochet à pédales qui connut son heure de gloire pendant la dernière guerre. Là encore, la presse locale ne s'est pas fait berner, mais elle s'amuse de la substitution.

À ce jour, le marcheur « remplacé » et la voiture « échangée » sont les deux seuls exploits sportifs à porter officiellement au crédit de Cabu et homologués en bonne et due forme pas les gazettes de l'époque.

2008

Mon plus beau souvenir de MAI 68 :
la descente des Champs-Elysées à contresens sur un vélo.

Dessiner les chevaux, c'est risqué ! Mais Cabu qui s'y connaît en trognes préfère aborder les courses hippiques depuis les tribunes pour cette illustration d'une nouvelle de Cami
(*Almanach du Tiercé* 1967).★

Charlie Hebdo, hors série
« L'Horreur footballistique », 1998

En 1982, idée incongrue, passant outre ces antécédents, si on demandait à Cabu de rendre compte chaque semaine, dans *L'Équipe Magazine* sur une page, de l'ambiance régnant dans les cafés parisiens au moment des retransmissions télévisées de la Coupe du Monde de football qui se déroulait en Espagne cette année-là ? Contacté, l'intéressé est surpris. Il insiste : les règles du football lui sont parfaitement étrangères comme les us et coutumes des passions que celui-ci suscite. Comme je précise ma demande – rendre compte de l'atmosphère sans avoir à traiter de l'actualité et sans renier ses convictions anti-sport qui plus est –, Cabu finit par accepter de bonne grâce. Réaction enthousiaste de Couëdel, rédacteur en chef, à la proposition, mais légère appréhension néanmoins, compte tenu de la réputation du père du Grand Duduche.

Son champ de manœuvre : les cafés des Grands Boulevards parisiens et le XVIIIe arrondissement, plus populaire, afin de restituer des points de vue et des commentaires différents. Avec finesse, fidèle à sa réputation, Cabu livrera sans ciller sa production chaque semaine à l'heure convenue. Une expérience qui me permit de le voir travailler à la volée, griffonnant sans retenue dans son carnet de croquis, saisissant silhouettes et visages en un éclair, prenant des notes, des bribes de conversation. Le temps fort ? La défaite des Bleus à Séville face à l'Allemagne bien sûr.

Le Canard enchaîné, 1982

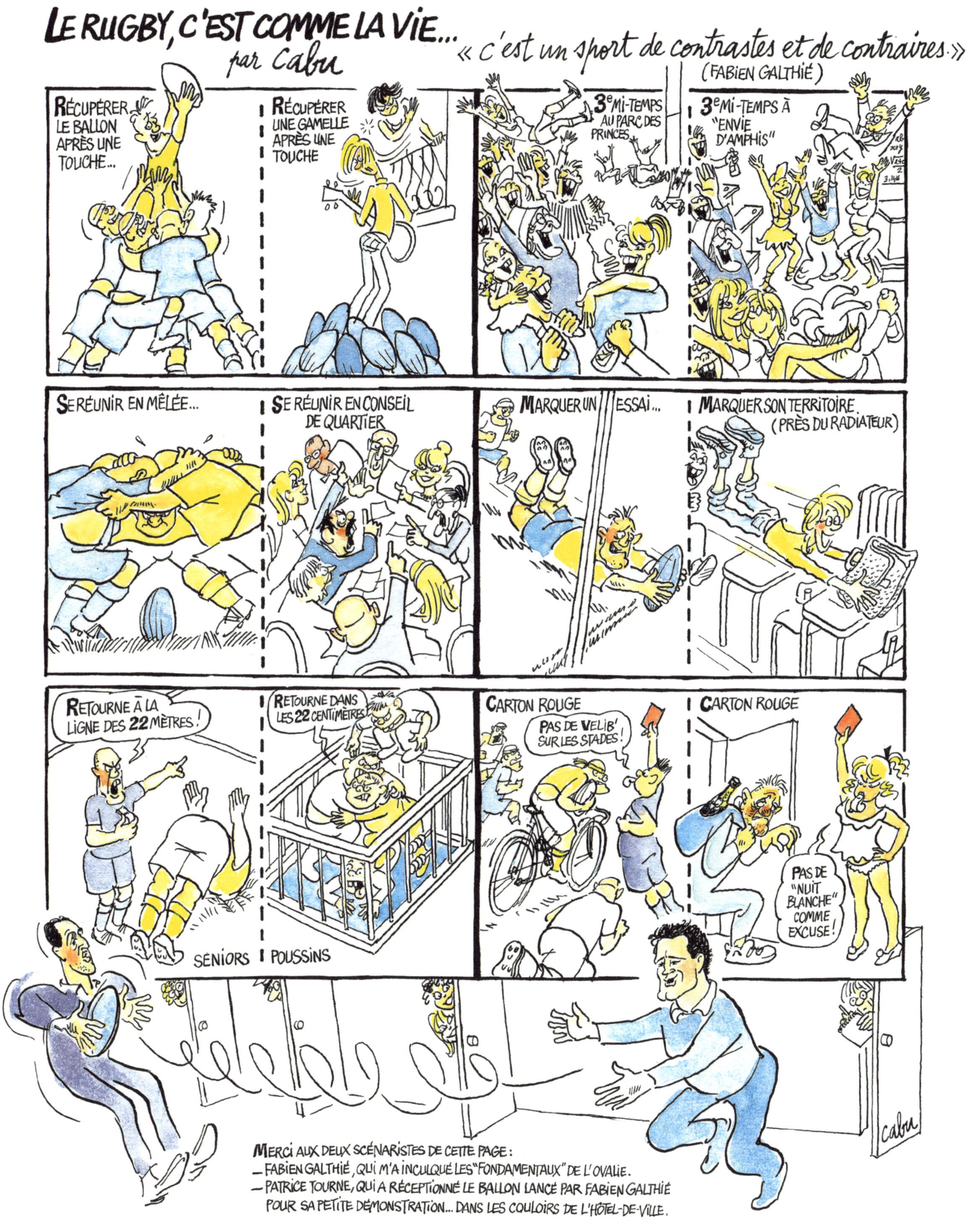

Après des explications par un des maîtres du rugby, il semble que Cabu ait penché en faveur du ballon ovale plutôt que du rond. Comme quoi, un peu de pédagogie...

À Paris, 2007 ★

L'Équipe Magazine, 1984

AUTOUR...

LE NOUVEL ATTACHÉ DE PRESSE DU TOUR : JEAN-MARIE RIVIÈRE. CHARGÉ D'AMENER DES VEDETTES DANS LA GRANDE BOUCLE, IL A COMMENCÉ PAR UNE FANFARE DE L'ARMÉE !
BANANIA
MODERNISME : LE T.G.V DANS LA CARAVANE PUBLICITAIRE, ET LE CASQUE EN ACIER DE FIGNON.
SACILOR
SACILOR
1er producteur de France
SACILOR
ET UN CAMION "SACILOR"... « SACILOR ?.. ...HEU... ÇA SE MANGE OU ÇA SE BOIT ? »
PARAIT QU'UN COUREUR DE CHEZ "MONDIAL MOQUETTE" S'EST FAIT DÉVALISER !
PELOTON GROUPÉ DANS LA BANLIEUE TRISTE. EST-CE LA PEUR DES GRANDS ENSEMBLES ?
PARAIT QU'ELLES ONT DES PLUMES AU CUL !
A FOND LA CAISSE ! LE TOUR FÉMININ EST DEVANT ! VONT-ILS RATTRAPER LES NANAS ?
La Vie Claire
MISS FRAN
HINAULT A DROIT AU BAISER DE "MISS FRANCE" (PROLOGUE)
NSIEUR MUSCLE
LES CONCURRENTES DU TOUR FÉMININ AURONT-ELLES DROIT À "MONSIEUR MUSCLE" ?
DES VIEILLES CONNAISSANCES : EDWIGE AVICE... (DOIT-ON FAIRE LE BAISE-MAIN À UN MINISTRE SOCIALISTE... AH !)
FAST FOOD
UN CRI D'ANGOISSE : SI LES FEMMES SE METTENT À COURIR LEUR PROPRE TOUR DE FRANCE, QUI VA REMPLIR LES MUSETTES DES HOMMES ?
HIER
AUJOURD'HUI
LE VÉLO A SU S'ADAPTER A L'ÉVOLUTION TECHNIQUE
SIGNE DE CROIX
LÉGENDE DU COUREUR QUI SE FAISAIT METTRE UNE GOUSSE D'AÏL DANS LE FONDEMENT, AU MOMENT DU DÉPART (SEUL DOPING AUTORISÉ)... LÉGENDE DU COUREUR
...QUI S'EST COUPÉ LE ZIZI EN SE RASANT LES POILS DES JAMBES...
LE TOUR DE FRANCE INCARNE TOUTES LES VERTUS DU PEUPLE DE FRANCE, DE CE PEUPLE QUI SAIT DIRE NON ! MONSIEUR SARDOU, POURQUOI AVOIR DÉSERTÉ ?
JE VOIS BIEN QUE LES FRANÇAIS ME FONT LA GUEULE !
Cabu

Après ce premier essai, surenchère, ce sera le Tour de France en 1984. L'étape se déroule en banlieue parisienne avec un départ de Bondy, dans une voiture de presse, au cœur du peloton. L'objectif est de suivre la course de l'intérieur, de juger des habitudes de chacun, de croquer la foule sur le bord de la route, la caravane publicitaire, le podium d'arrivée. Pour Cabu, ce fut une révélation. Avec en point d'orgue la deuxième victoire de Laurent Fignon devant Bernard Hinault.

Mine de rien, c'est grâce au basket que Cabu a découvert le jazz : en allant voir un match des Harlem Globetrotters au Vel d'Hiv en 1955. Le chanteur Cab Calloway animait la mi-temps avec ses « hi-de-ho » et ses allures de fou chantant de Harlem.

Cette même année, Cabu découvre les « Six Jours de Paris » cyclistes. Dans le cadre de l'aménagement de l'Est parisien, le Palais omnisport de Paris-Bercy [aujourd'hui Accor Arena] est inauguré. De multiples spectacles sont programmés dont les fameux « Six Jours » épreuve mythique avant guerre dans le cadre du fameux « Vel' d'Hiv » alors situé rue Nélaton et rendu tristement célèbre suite à la rafle de 1942 qui contraignit plusieurs milliers de juifs à y être séquestrés avant leur ultime voyage. Quarante-deux ans plus tard, à Bercy, l'ambiance est à la frivolité. Un paradoxe qui n'embarrasse pas Cabu qui, au contraire, y trouve matière à rebondir plus avant. En définitive, rien ne perturbe ou rebute le reporter à la plume acide et libre. Ce qu'il aime, c'est rendre compte. De ce qu'il connaît ou de ce qu'il ignore. Les vainqueurs comme les perdants. Les démunis comme les nantis.

Charlie Hebdo, 1994

Dans un décor très « Festival de Cannes », il poursuit ses explorations « sportives » deux ans plus tard à Roland-Garros, une compétition située aux antipodes de ses goûts habituels. Nous sommes en 1986. Compte tenu de son emploi du temps surchargé, nous choisissons de nous rendre au stade de la porte d'Auteuil un mercredi. Fatale erreur : le mercredi est le jours des scolaires ! Fidèles de « Récré A2 », émission télé à laquelle Cabu participe, une nuée de gamins le piste immédiatement dans l'espoir de lui arracher un autographe ou un dessin. Les Noah et autres Navratilova n'existent plus. C'est l'émeute à un point tel qu'une exfiltration s'impose du côté du village VIP. Cette année-là c'est Ivan Lendl qui remporte la timbale.

L'Équipe Magazine, 1986

Cabu a pris ses habitudes dans les enceintes sportives. Et *L'Équipe Magazine,* celle de profiter de son envoyé si spécial. Toujours en 1986, une épidémie de tourista contractée par de nombreux joueurs participant à la Coupe du monde de football au Mexique l'inspire davantage que la demi-finale une nouvelle fois perdue par la France face à l'Allemagne. Quatre ans plus tard, le magazine dont je suis toujours le directeur artistique profite moins des services de Cabu que lui ne tire avantage de notre entregent. Pour le projet d'un livre sur les changements politiques en Europe de l'Est, Cabu veut se rendre en Albanie, pays fermé à double tour comme la Corée du Nord aujourd'hui. Les visas sont accordés au compte-gouttes sauf, précisément, pour les journalistes de sport. Qu'à cela ne tienne, l'équipe de France de foot ayant prévu un match en Albanie, en novembre 1990, pour les qualifications de l'Euro 92, *L'Équipe* se fait fort d'ajouter un reporter à son contingent. Embarquement pour Tirana avec l'équipe de France en compagnie de Michel Platini, le sélectionneur. Les dessins seront publiés par le *Canard enchaîné* puis sous le titre *Sauve qui peut à l'Est* aux éditions du Seuil.

Durant les années 1990, Cabu est plus que jamais sollicité par *Charlie-Hebdo*, le *Canard enchaîné* et est moins disponible pour *L'Équipe*. De façon ponctuelle, il rend compte des grands événements sportifs du moment, Euro, Mondial, Tour de France… Ses attaques sont sévères, pas toujours délicates, dopage et argent sont les thèmes récurrents. Cabu se lâche ! Cabu fait mal !

En 1990, l'homme d'affaires Jean-Claude Darmon, qui régnait depuis des années sur le football français, est dans le collimateur de la justice. Pas le temps pour lui d'aller en Albanie : Cabu récupère sa place…

Le Canard enchaîné, 1990

ET DARMON ?
DARMON N'ÉTAIT PAS DANS L'AVION DE L'ÉQUIPE DE FRANCE DE FOOTBALL POUR TIRANA. C'ÉTAIT BIEN LA PREMIÈRE FOIS...
L'ÉTAT-MAJOR
LES JOURNALISTES
UN ADJOINT DE DARMON VEILLANT À CE QUE LES JOURNALISTES N'INTERROGENT PAS LES JOUEURS SUR LES AFFAIRES
LES JOUEURS
LES SUPPORTERS
LE FOOTBALL EST UNE GRANDE FAMILLE... MAIS, ME DISAIT UN SUPPORTER, « DARMON EST UN ARABE, ET LES ARABES ÇA BALANCE LES COPAINS. »
FOURNET -FAYARD
SADOUL
PLATINI
LE MÉDECIN DE L'ÉQUIPE DE FRANCE
STEWART
HÔTESSE
PUBLICI
PUBLICITÉS À ACCROCHER AUTOUR DU STADE DE TIRANA
UN ADJOINT DE DARMON VISIBLEMENT INQUIET
ET SI L'ÉQUIPE DE FRANCE ÉTAIT ARRÊTÉE À ORLY ?
BOEING 737
SILENCE DANS LES RANGS... LES FOOTBALLEURS JOUENT AUX CARTES
FOURNET-FAYARD DÉCLARE QUE DARMON TRAVAILLE POUR LA LIGUE... EN BÉNÉVOLE
SADOUL DORT, PLATINI JOUE AUX CARTES AVEC SON PÈRE
ET LES SUPPORTERS SUPPORTENT
UN CHEF D'ENTREPRISE DU VAL-DE-MARNE
toilettes
UN CHARCUTIER DU 12e ARR.
UN RESTAURATEUR DE LA CÔTE D'AZUR
UN SUPPORTER PHARMACIEN DU VAR
UN FOOTBALLEUR
UNE FEMME SUPPORTER (CHEF INFIRMIÈRE)
TIRANA H
ARRIVÉE AU TIRANA-HÔTEL DEVANT UNE FOULE DE PETITS TZIGANES
LES SUPPORTERS - UNE POIGNÉE D'AMIS - ONT APPORTÉ 60 KILOS DE BOUFFE POUR TROIS JOURS... QU'ILS PARTAGENT DANS LEUR CHAMBRE D'HÔTEL AVEC DES JOURNALISTES INVITÉS.
cabu
« ON N'A RIEN LAISSÉ COMME BOUFFE AUX ALBANAIS... ON A EU JUSTE ASSEZ POUR LE RETOUR ! »

Mise en couleurs par Wozniak, complice du *Canard* et du collectif *Scorbut* (1998) ★

En 1998, à l'occasion du Mondial en France, il publie avec Jean-Loup Chiflet *Rien à Foot,* dont le titre dit l'essentiel ! Le temps de la réconciliation n'est pas pour demain. Au *Canard enchaîné*, la rédaction en chef n'est pas foncièrement anti-Mondial. Sous l'impulsion de Wozniak et Kerleroux, qui comme Cabu détestent le foot, va être créé un site internet, grande première pour Cabu, qui servira d'exutoire pour les dessins contre le Mondial non retenus par le *Canard*. Le titre est trouvé par Kerleroux « Scorbut », premier numéro 22 mai 1998, parution hebdomadaire, une quinzaine de dessins. Wozniak et Cabu sont très complices, l'un met en couleurs tandis que l'autre complète le dessin, esprit potache, ils adorent les situations scabreuses, de mauvais goût. L'équipe des fondateurs sera rejointe par Cardon, Delambre, Pétillon, Charb, Gébé, Luz, Wolinski, Barbe... Prévu pour n'exister que pendant le Mondial, le titre perdure aujourd'hui !

Non seulement *Scorbut* dure toujours, mais *Rien à Foot* a été réédité en 2016. Le succès de Cabu dans le foot ne se dément plus...

En 2003, nouveau projet : suivre l'entièreté du Tour avec Jean-Claude Guillebaud, ex-grand reporter du *Monde*. L'expérience devrait être formidable, mais elle capote : changement de direction à la tête du journal et changement de prérogative. Fin de la collaboration de Cabu et *L'Équipe*, impossible de surseoir. Les années passent mais l'amitié demeure. Tout autant qu'une amitié : une complicité. Chaque jour, j'apprends à mieux connaître le dessinateur. Le sport est devenu un prétexte. Partis de loin, nous n'avons cessé de nous rapprocher et de mieux nous comprendre. À la croisée des chemins on s'est identifiés, on s'est reconnus, un vrais regard sur l'autre, sur l'humanité ! Cabu a beau ne goûter qu'à demi le sport, il n'en comprend pas moins les codes. Il respecte son mode de fonctionnement mais n'a pas son pareil pour déranger ses certitudes et dénoncer ses outrances, avec talent.

Encore bravo !

Canicule, 1987 ★

TÊTES DE VAINQUEURS

de A à Z

Albertville

1992

2001★

Anelka

Anquetil

– Alors, monsieur Anquetil, vous refusez le contrôle ?...

1966★

Armstrong

2004

Aznavour

1969 ★

Bachelot

2007

Barthez

2000

Beckham

Beckham arrive au PSG

2013

B

1984

CHOUCROUTE AU CAMPHRE

A BERCY, ON RETROUVE AUSSI LE SPORT ET LA POLITIQUE
LE SPORT ET L'IMMOBILIER (MONSIEUR MERLIN CONSTRUIRA-T-IL QUELQUES PAVILLONS À L'INTÉRIEUR ?)
... RETRANSMETTRA-T-ON BIENTÔT QUELQUES EXÉCUTIONS CAPITALES EN INTERMÈDE DEPUIS LE PODIUM D'EUROPE 1 ?
CHIRAC EMBRASSE KAREN CHERYL (REINE DES 6 JOURS)
... POUR LA DOUZIÈME FOIS DE LA SOIRÉE...
MARIE-CHRISTINE DEBOURSE, GUY DRUT, ALAIN CALMAT, ANQUETIL ET HINAULT SONT ASSIS À CETTE TABLE SAUREZ-VOUS LES DÉCOUVRIR ?
JE NE VEUX PAS RESTER ENFERMÉ LÀ-DEDANS 6 JOURS ET 6 NUITS !
TU TE RAPPELLE DU COUREUR ZAMI ?.. AVEC LE BEAUJOLAIS NOUVEAU, LUI, IL TOURNERAIT DANS L'AUTRE SENS !
LAURENT FIGNON
BERNARD HINAULT
MERLIN
Europe 1
A BERCY, COMME À ROLAND-GARROS, DE GRANDES FIRMES INVITENT LEURS GROS CLIENTS POUR LA SOIRÉE
LE CRÉDIT LYONNAIS FOURNIT LES CRECELLES
« LE BEAUJOLAIS NOUVEAU EST ARRIVÉ ! MERCI À BERNARD PIVOT QUI AIME LE BEAUJOLAIS ET LES LIVRES !
LONGTEMPS BRIMÉ, LE COUREUR CYCLISTE BÉNÉFICIE AUJOURD'HUI D'UN REGAIN DE FAVEUR AUPRÈS DES DAMES : LE LOOK "CHEVEUX EN ARRIÈRE" EST REVENU À LA MODE
LA TABLE DE BERNARD TAPIE AVEC DES GIRLS D'UN CABARET PARISIEN !
MERLIN PLAGE MERLIN
Levi's
Europe 1
Y'EN A MARRE DE L'ACCORDÉON !
EH ! LAURENT FIGNON ! SOIGNE TON LOOK ! LE STYLE "GRAND DUDUCHE" C'EST RINGARD !
LE PISTARD NE PEUT NI SORTIR, NI RECEVOIR LA VISITE DE DAMES. HEUREUSEMENT QU'IL NE BOIT PAS DE VIN : ON LUI METTRAIT DU BROMURE DEDANS !
JE VAIS FAIRE DES FAYOTS, COMME ÇA, ON AURA DROIT À UN CONCERT DE ROCK !
LÉGENDE DES 6 JOURS : ROBIC ÉTAIT TRÈS SENSIBLE AU FROTTEMENT DE LA SELLE : EN DESCENDANT DE VÉLO, IL REJOIGNAIT MADAME ROBIC, EN CACHETTE, DANS SA CAGNA...
cabu

C

Bez

Claude Bez : le succès ne peut pas venir en un jour...

1988

Bol d'Or

1978

Candeloro

1998 ★

EMBARGO SUR LE SPERME DE BOVIN ANGLAIS
CANTONA
ASSURE L'INTERIM

1996 ★

1985

ET MAINTENANT ... UNE GRANDE TOURNÉE DE CONFÉRENCES ...
CONNAISSANCE DU MONDE présente PARIS-DAKAR PAR CAROLINE DE MONACO
Afrique, terre de vérité
AH !... TATAOUINE !.. AH !..L'ADJUDANT SABINE !..
SOUS DES DEHORS BOURRUS IL CACHE UN COEUR D'OR ...
JE TE FERAI SORTIR LES TRIPES, MOI !
C'EST PAS LA VIE DE CHÂTEAU MAIS IL SENT BON LE SABLE CHAUD ...
TU ME FERAS CENT POMPES !
Afrique, terre de contrastes...
AU BOUT DE 18 KILOMÈTRES DE PISTES, J'AI CONFONDU UN NID DE POULE AVEC UN NID D'AUTRUCHE...
CAROLINE
Afrique, terre de pureté
LE RAMASSAGE DES ÉGARÉS EST ASSURÉ PAR LES MOTOS-CROTTES...
PROPRETÉ DU SAHARA
Afrique, terre de pitié
JE VEUX REFAIRE PARIS-DAKAR... « AVANT QUE LES GENS DU SUD NE DÉFERLENT SUR LES GENS DU NORD...» COMME DIT UN DE MES AMIS... PARCE QUE MOI, JE N'AIME PAS LES EMBOUTEILLAGES !..
LA GOUGOUTTE !
TÛT TÛT COIN COIN !

Chabal

2007 ★

Comaneci

Nadia Comaneci a rejoint l'homme de sa vie

1989

D'Aboville

1991

DE ROSNAY
DE DIEULEVEULT
DE KERSAUSON

REFOUTONS À LA MER LES FINS DE RACE

Dakar

1999 ★

Le Paris-Dakar 1986 sera plus humanitaire...

1986 ★

2006

1986

1983

ENFIN LE DAKAR BIO ÉQUITABLE
4x4 BREVET THIERRY SABINE (4x4 À ÉOLIENNE)
TRI SÉLECTIF
NAVIGATEURS
PETITS NOIRS
PILOTES
MIRAGE
(FOIE GRAS AUX TRUFFES)
GPS INDIQUANT LA DIRECTION DE LA MECQUE
VOITURE ÉLECTRIQUE ALIMENTÉE PAR GÉGÈNE
UN PUITS CREUSÉ PAR BALAVOINE: FAUT QUE JE TOMBE DEDANS!
LA VOITURE QUI ROULE À LA BETTERAVE
AU GAZ DE CHARNIER
♫ IL ME SEMBLE QUE LA MISÈÈÈÈRE SERAIT MOINS PÉNIBLE AU SOLEIL (AZNAVOUR) ♫
EDF
PILES SOLAIRES POUR PETITS AFRICAINS AFFAMÉS
UN VIEIL AFRICAIN QUI MEURT, C'EST UNE BIBLIOTHÈQUE QUI DISPARAÎT... C'EST ÉCOLO... LES LIVRES, CE SONT DES ARBRES QUE L'ON COUPE!
BLEU
SAIGNANT
À POINT
TOUAREGS: LE TRI SÉLECTIF POUR LES HOMMES BLEUS DU DÉSERT...
Cabu

2007

Denis (la mère)

1980

Denisot

1996 ★

Deschamps

2014 ★

Domenech

2010

Douillet

2002 ★

GUY DRUT AMNISTIÉ
...POUR "SERVICES RENDUS À LA NATION"
500
500
500
500
500
500
JUSTICE
cabu

2006

Duduche (Grand)

" Doué. Mais aucun effort !" (PROF. DE GYM.)

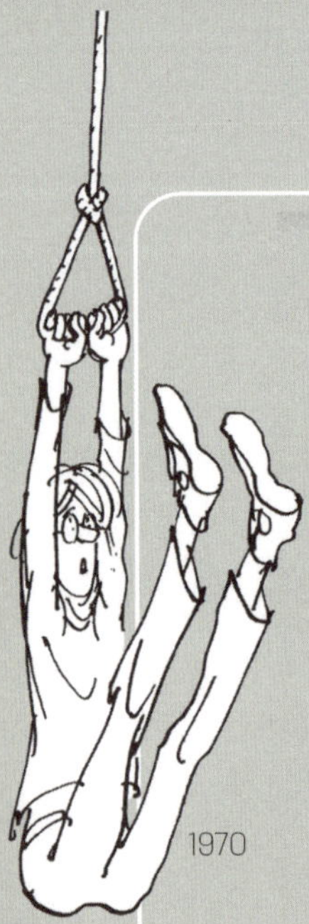

1970

1965

1963

1964 ★

1970

le journal intime du
GRAND DUDUCHE
... non, je ne veux pas suivre la meute hurlante qui déferle à travers bois...
d'ailleurs, la gloire des stades ne m'intéresse pas... il paraît que
... la fille du Proviseur doit remettre le bouquet au vainqueur, je ne veux pas voir cette mascarade ...
CROSS DU COLLEGE
ARRIVEE
... c'est pourquoi cette année, j'ai décidé de sécher le cross du collège ...

1964

Festina

1999

Goitschel

Le carnet rose de Cabu

Marielle Goitschel est amoureuse. Depuis plusieurs mois, dans les grandes stations européennes où la championne olympique de slalom commentait les courses pour le compte d'un poste périphérique, on remarquait, à ses côtés, la présence discrète d'un homme brun de 36 ans, taille moyenne, yeux clairs (Les journaux).

1969 ★

Heisel (Drame du)

1985

Hidalgo

Hidalgo prolonge ses congés payés en Espagne

(après la défaite de l'équipe de France au Mondial)

1982

2014

Hollande

2013

Ibrahimovic

2012 ★

Jacquet

1998 ★

Les nouveaux Beaufs supporters d'Aimé Jacquet

1998

Exclusif : les recettes de Mémé Jacquet

1998

L

Jean-Paul 2

Un million de fidèles à l'hippodrome de Longchamp pour la dernières journée des JMJ à Paris.

1997

Landis

L'aveu du fermier mennonite Floyd Landis

2010 ★

Laporte

2008 ★

1969

UN PILOTE VOUS PARLE
LES BONZES C'EST PAR VICE... TANDIS QUE LES PILOTES ILS TRAVAILLENT À LA PRÉFIGURATION DE LA VOITURE DE TOURISME DE DEMAIN...
MON DIEU, FAITES QUE JE SOIS RÉTABLI POUR LES 24 HEURES DU MANS DE 1972...
FERODO FERODO FERODO FERODO FERODO
POLAROID
● Quels sont vos rapports avec le public?
— Y'en a qui sont bien, mais y'en a qui prennent le circuit du MANS pour un manège d'autos tamponneuses...
À moi... À moi
À moi
● Vous n'avez jamais connu la peur?
— Si, parfois... mais nos femmes sont heureusement là pour nous soutenir...
DUNLOP
● Que craignez-vous le plus?
— Les farces...
● Lorsque vous voyez un copain mourir devant vous, quel est votre réaction?
— Ah! la rage me prend devant tant d'impuissance... en Algérie, au moins, on foutait aussi sec le feu au village le plus proche... dans la SARTHE, c'est plus difficile...... alors on fait faire un tour de circuit au clown... et le spectacle continue!
DUNLOP
TU ES SUBLIME MON CHÉRI
5
FEIGNANT
FERODO
MOTEL
Avant la guerre, j'ai connu le passage à niveau dans la ligne droite des HUNAUDIÈRES...
...j'ai même connu la grande ISADORA DUNCAN qui fut victime de la jalousie d'une autre danseuse...
Isadora, mets ton cache-col, les soirées sont fraîches
● Vous incarnez un certain idéal masculin...
— M'en parlez pas, une femme et une maîtresse, c'est pas facile à vivre...
EH! C'EST TON TOUR...
BAISSE-TOI, ON VA PASSER DEVANT LES TRIBUNES...
SI JAMAIS IL M'ARRIVAIT MALHEUR AUX 24 HEURES, VA VOIR MA MÈRE... ET DIS-LUI QUE LES RILLETTES DU MANS SONT LES MEILLEURES...
17
cabu
...sans compter les coéquipiers qui salissent les sièges
Enfin, j'ai lu quelque part que je cristallise les élans mystiques de millions d'automobilistes... On me compare parfois à un toréador, mais peu de Français ont un taureau dans leur GARAGE...
NON, je suis un Chevalier de notre Temps. Tiens, j'vous invite, on va faire une cérémonie de l'Adoubement à tout casser...

Longo

Jeannie Longo fanfaronne

1988 ★

Los Angeles

Les premiers jeux Olympiques de la pollution

Smog à Los Angeles

1984 ★

Manaudou

17 km par jour dans la piscine

2007 ★

Mauresmo

2003 ★

2004 ★

...TU PEUX Y ALLER, C'EST PAS DOPÉ...
ARRIVÉE
...TU PEUX Y ALLER ! ELLE EST SÛREMENT DOPÉE, MAIS ÇA PEUT PAS TE FAIRE DE MAL !

1969 ★

Monaco (Grand Prix de)

2005

Mondial

McDo restaurateur officiel du Mondial.

Au Stade de France, c'est vous qui ferez les mouches à merde !

1998 ★

QUELLE EST LA DIFFÉRENCE ENTRE UN HORS-JEU ET UN PÉNALTY ?
cabu

1998

MONDIAL
3 MILLIARDS DE RÊVES
3 MILLIARDS DE CRACHATS AUX PAUVRES DE LA PLANÈTE
6200 BITES COUPÉES PAR LES PIPETTES ANTIDOPAGES
80000 CRÉTINS ÉLIMINÉS D'UN COUP PAR UN TERRORISTE AU STADE DE FRANCE !
8500 PAIRES DE COUILLES ÉCRASÉES
DU SANG!
680 BUTS OBSCÈNES
DU SEXE!
1130 CERVELLES DÉCERVELÉES
890 ANUS ANUCLÉES
3 MILLIARDS DE PETITS THIERRY ROLAND
BUT
BUT
BUT
BUT
DE L'AMOUR
DE LA HAINE
125000 TONNES
FRANCE
...DE VOMI KRONENBOUR
MES ROUTIERS GARDERONT VOS BUTS !
LA VILL E LUMIÈRE DE DE TOUTES LES EXTASES VOUS ATTEND!
300 MILLIONS DE TONNES DE GUIMAUVE
300 TONNES D'ANABOLISANTS
cabu
VOIR LA SUITE SUR INTERNET POUR VOUS VOUS VENGER DU MONDIAL CLIQUEZ : WWW.SCORBUT.NET
VOUS VERREZ DES DESSINS DE WOZNIAZ, KERLEROUX, CABU, LUZ, CHARB, BARBE, ETC...

1998 ★

LE MONDIAL
Ā S^T-DENIS
FRANCE
AUX CHAMPS-ÉLYSÉES
FRANCE 98
ESPACE OFFICIEL
FIFA
LE DEAUVILLE
UN CHAOS URBANISTIQUE
77 CHAMPS-ÉLYSÉES, UN MAGASIN ENTIER DE PRODUITS DÉRIVÉS SUR LE MONDIAL (ET QUI A LES DROITS ?.. C'EST SONY)
UN CHAOS POLITIQUE
PINS
FRANCE 98
FRANCE
PARIS
FOUS DE FOOT
LORSQUE LE PEN NOUS AURA ENFERMÉS DANS LE STADE DE FRANCE, NOUS N'ATTENDRONS AUCUN SALUT DU CÔTÉ DU "GAI LOGIS", UN ENSEMBLE DE 250 LOGEMENTS HLM QUI DONNE ENVIE DE SE PENDRE
UN CHAOS ÉCONOMIQUE UNE FAILLITE ANNONCÉE COMPARABLE À CELLE DU "CRÉDIT LYONNAIS", MAIS QUI ENRICHIRA LE CONSORTIUM BOUYGUES-GTM-SGE...
CE QU'ON VERRA BIENTÔT...
"SKINS EN MASCOTTE"
ÉPROUVETTE POUR CONTRÔLE ANTI-DOPAGE
"THIERRY ROLAND"
"LE PETIT COUPEUR DE MAINS"
BOUYGUES

NÎMES
ENFIN, DES CORRIDAS DE GAUCHE !
A NÎMES, LE DÉPUTÉ-MAIRE EST COMMUNISTE. LES CORRIDAS SONT DONC CAUTIONNÉES PAR L'UNION DE LA GAUCHE.
« NOUS SOMMES DÉPOSITAIRES DE SIÈCLES DE HAUTE CIVILISATION »
Louis Jourdan
— LES GAUCHISTES OCCITANS NE GUEULENT PAS CONTRE LA CORRIDA ?
— ON N'AURAIT AUCUNE CHANCE D'ÊTRE ÉCOUTÉS... À MOINS DE FAIRE SAUTER LES ARÈNES...
UN AUTRE GAUCHISTE OCCITAN M'AVAIT DIT : « JE
QUE C'EST FACHO, LA CORRIDA.. MAIS J'AIME ÇA ! T
« DES SIÈCLES DE HAUTE CIVILISATION »
ET 4 JOURS PAR AN : TORO BISTROT DÉGUEULIS DANS LE LAVABO !
L'AUTEUR : UN DENTISTE DE NÎMES, PIERRE MIALANE
ALLONS, CALMEZ-VOUS : C'EST UN PETIT TIRAGE VOUS SAVEZ...
JE N'AI PAS EU LE COURAGE D'INSULTER LES 20.000 BEAUFS QUI BAVAIENT. MAIS, EN SORTANT, JE SUIS ALLÉ ENGUEULER UN AFICIONADO QUI SIGNAIT SON LIVRE :
« LA CORRIDA... ET QUELQUE CHOSE DE PLUS » À LA MAISON DE LA PRESSE :
Constamment astreinte à résidence surveillée, elle [LA CORRIDA] se voit même menacée d'une éventuelle régression (Projet PERETTI).
Quand on fait la comparaison avec les libertés dont profitent les activités pornographiques, par exemple, on en arrive à se demander si tout va bien sous le scalp de quelques-uns.
CE "QUELQUE CHOSE DE PLUS", C'EST TOUT SIMPLEMENT LA DÉFENSE DES VALEURS OCCIDENTALES !
Chaque fois que je vois des femmes aussi bêtes que des hommes, je suis triste. Allez donc savoir pourquoi... (psychiatres et psychanalistes s'abstenir)
REGARDEZ CES PETITES DAMES BIEN PROPRES. ELLES SONT ENSEIGNANTES. PROFS DE LANGUES, DE SCIENCES NAT. JE N'ÉTAIS PAS AU BOUT DE MES PEINES, À NÎMES, CE SOIR-LÀ...
« IL Y A TROP D'INCOMPÉTENTS À LA PRÉSIDENCE DE LA COMMISSION TAUROMACHIQUE MUNICIPALE ! »
JE LES AI RENCONTRÉES AU "BAR PALACE", PRÈS DU PALAIS DE JUS
ELLES APPARTIENNENT AU "CLUB TAURIN NÎMOIS" : UN CLUB D'AFIC
DOS, GARDIENS DE L'ORTHODOXIE TAUROMACHIQUE. ILS SE RÉUNIS

1976

Le taureau est lâché
2 minutes de passes
c'est un gracieux ballet !
et puis le picador arrive
il enfonce son pieu de 15 cm dans le dos du taureau, en touillant bien...
Ça dure 5 minutes
Le taureau est affaibli, ça y est.
Pose des banderilles
Le sang gicle, chaque pas du taureau fait gicler le sang un peu plus...
Le taureau est prostré. Mise à mort : le toréador enfonce son épée jusqu'à la garde
Le taureau marche encore un peu
les domestiques protègent le toréador pendant qu'il salue
et le taureau se met à genoux et s'écroule
c'est du délire !
PEUX PAS COMPRENDRE ; LES COMBATS DE COQ, D'ACCORD AVEC TOI ; MAIS LA CORRIDA, TU NE SAIS PAS CE QUE C'EST...» SAMEDI DE PENTECÔTE, J'AI VU UNE CORRIDA POUR LA PREMIÈRE FOIS. J'AI HONTE. J'AI PAYÉ 35F POUR VOIR L'AGONIE DE 6 TAUREAUX. AGONIES DE 15 MINUTES CHACUNE.
is Baudoin (DÉLÉGUÉ Gal À L'INFOR-
N et P.D.G de la S.O.F.I.R.A.D Europe n°1)
Niméño II toréador nîmois
Jean Lacouture
Simon Casas toréador nîmois
SIMON CASAS DANS "SUD" N°20
CHAQUE ANNÉE, À LA FERIA DE NÎMES, ILS VIENNENT DONC DÉFENDRE CES VALEURS... LES DENIS BAUDOIN, LES JEAN LACOUTURE, LES J.P. CASSEL, LES J.P. CHABROL ET CIE...
Aujourd'hui, dans notre société occidentale, la corrida est une des rares scènes sociales où peuvent émerger et de façon violente et évidente, des ressorts économiques, idéologiques, humains méconnus ailleurs parce que rejetés, refoulés, indicibles.
AVANT, C'ÉTAIENT LES COCTEAU, LES PICASSO, LES HEMINGWAY... LES MOUCHES À MERDE N'ONT PAS CHANGÉ : TOUTES CES GRANDES CONNES, HABILLÉES PAR DIOR, QUI VIREVOLTENT AUTOUR DES TORÉADORS DANS LES JARDINS DE "L'IMPÉRATOR"...
LE PICADOR A DÉPASSÉ LA LIGNE ! C'EST UN SCANDALE ! »
RÈGLEMENTO TOROS
encore un prof !
« J'AI DEMANDÉ AU MAIRE QU'IL NOUS PRÊTE DES EFFECTIFS DE POLICE POUR FAIRE RESPECTER LE RÈGLEMENT
MAIS LA POLICE S'EN FOUT... POURVU QU'IL N'Y AIT PAS DE CHAHUT DANS LES GRADINS »...
le Président, technicien atomiste à Cadarache !
Cabu
R ANALYSER LA CORRIDA DE L'APRÈS-MIDI. J'AI ÉCOUTÉ ÇA, MÉDUSÉ ! ILS RÉCLA-
IENT L'ORDRE DANS LES ARÈNES "COMME EN ESPAGNE". ILS VEULENT QUE LA PO-
E DESCENDE DANS L'ARÈNE POUR FAIRE RESPECTER LE RÈGLEMENT TAUROMACHIQUE !
EH ! LES OCCITANS ! SI VOUS ÊTES POUR LES CORRIDAS, ÉCRIVEZ-MOI, BANDE DE CRAPULES ! SI VOUS ÊTES CONTRE, DITES-MOI CE QUE VOUS AVEZ FAIT POUR GUEULER DANS VOTRE COIN !

2009

Obama

Papin

1991

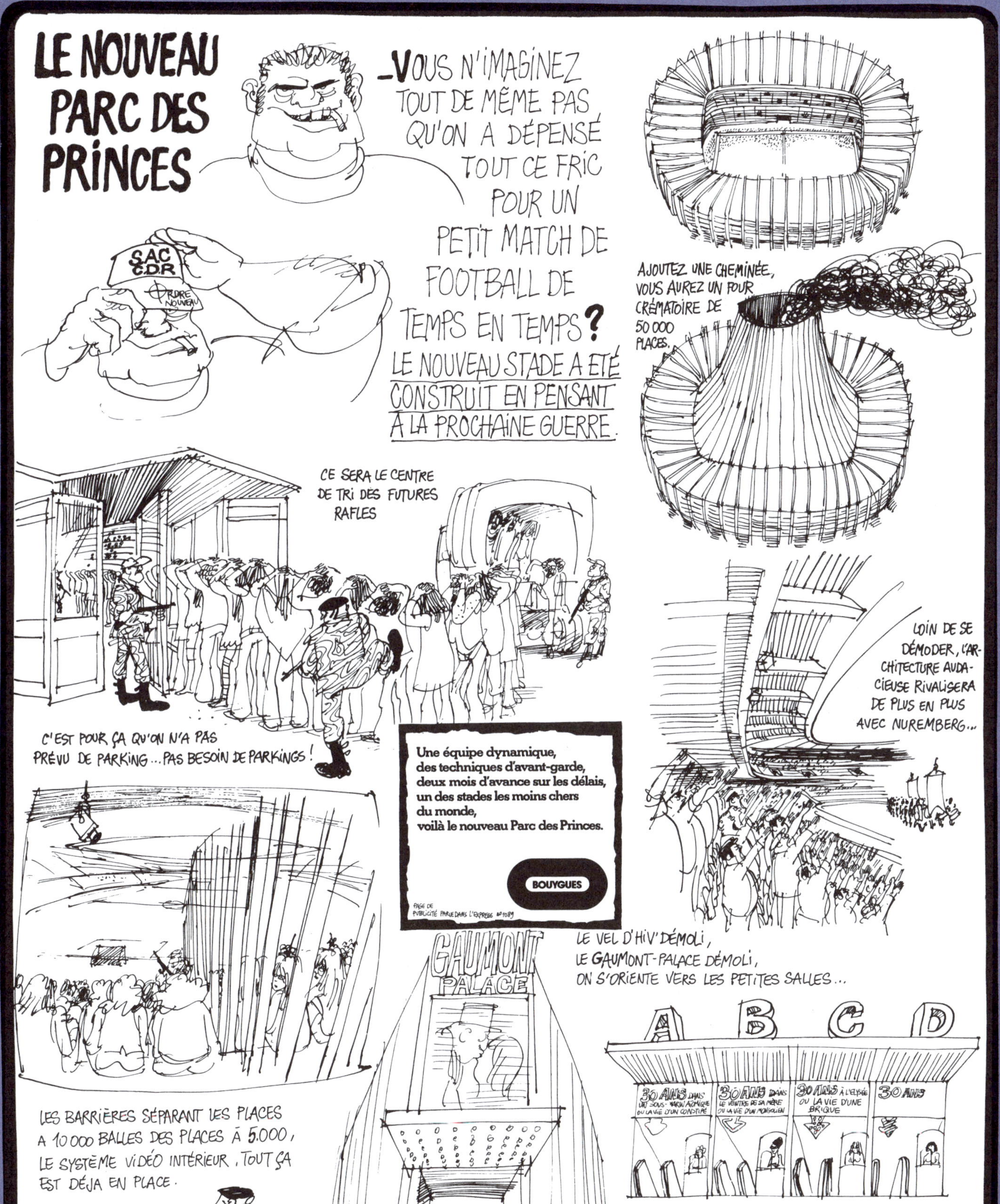
LE NOUVEAU PARC DES PRINCES
– VOUS N'IMAGINEZ TOUT DE MÊME PAS QU'ON A DÉPENSÉ TOUT CE FRIC POUR UN PETIT MATCH DE FOOTBALL DE TEMPS EN TEMPS ?
SAC CDR
ORDRE NOUVEAU
LE NOUVEAU STADE A ÉTÉ CONSTRUIT EN PENSANT À LA PROCHAINE GUERRE.
AJOUTEZ UNE CHEMINÉE, VOUS AUREZ UN FOUR CRÉMATOIRE DE 50 000 PLACES.
CE SERA LE CENTRE DE TRI DES FUTURES RAFLES
C'EST POUR ÇA QU'ON N'A PAS PRÉVU DE PARKING... PAS BESOIN DE PARKINGS !
LOIN DE SE DÉMODER, L'ARCHITECTURE AUDACIEUSE RIVALISERA DE PLUS EN PLUS AVEC NUREMBERG...
Une équipe dynamique, des techniques d'avant-garde, deux mois d'avance sur les délais, un des stades les moins chers du monde, voilà le nouveau Parc des Princes.
BOUYGUES
PAGE DE PUBLICITÉ PARUE DANS L'EXPRESS Nº 1089
GAUMONT PALACE
LE VEL D'HIV' DÉMOLI, LE GAUMONT-PALACE DÉMOLI, ON S'ORIENTE VERS LES PETITES SALLES...
A B C D
30 ANS DANS UN SOUS-MARIN ATOMIQUE OU LA VIE D'UN CONSTIPÉ
30 ANS DANS LE VENTRE DE SA MÈRE OU LA VIE D'UN MONGOLIEN
30 ANS À L'ELYSÉE OU LA VIE D'UNE BRIQUE
30 ANS
LES BARRIÈRES SÉPARANT LES PLACES A 10 000 BALLES DES PLACES À 5.000, LE SYSTÈME VIDÉO INTÉRIEUR, TOUT ÇA EST DÉJA EN PLACE.
ILY A MEME UN SAUNA ET UNE SALLE D'INTERVIEW ! ILS NE S'EN CACHENT MÊME PAS...
LE TRI SERA VITE FAIT : IL SUFFIT DE CHANGER LES PANNEAUX : A - LES JUIFS B - LES MÉTÈQUES C - les GAUCHISTES D - LES LECTEURS DE CHARLIE-HEBDO
(L'EQUIPE DE CHARLIE-HEBDO, LE JOUR DE LA GRANDE RAFLE AU PARC DES PRINCES, SERA DANS LES TRIBUNES PRESIDENTIELLES)

Pékin

Pékin : pourquoi un stade en nid d'oiseau ?

2008 ★

Pivot

Évolution

1998

Poulidor

1978 ★

POULIDOR le bienheureux

1969

Prost

PROST
AU TOURNANT,
LA MORT
AU VOLANT !

1997

2014 ★

PSG

2002

2006 ★

R

Rasmussen

ENTRE DROGUÉS DE POUVOIR

2007 ★

Ribéry

2010 ★

2010 ★

2013

2007 ★

En direct de Roland-Garros

– Quinze partout… la balle au centre !

2014 ★

ROLAND-GARROS

LES TARES DU XVIe
PLUS LES TARES DE MONACO

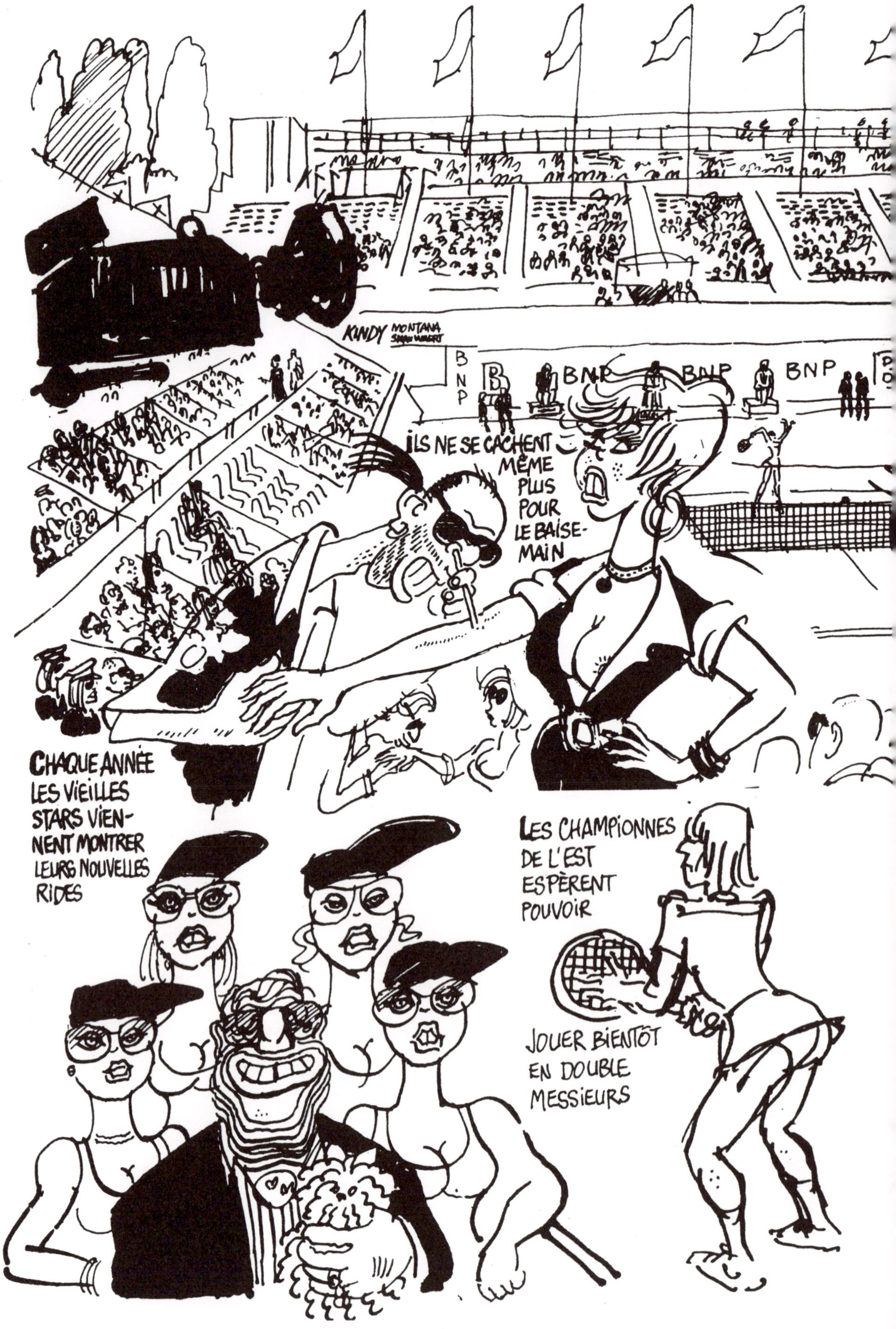

ROLAND-GARROS
LA JOIE
DE VIVRE...
Y A QU'À REGARDER
SARDOU

COMME ILS SONT CONTENTS, LES PETITS RAMASSEURS DE BALLES QU'ON PEUT VOIR RÔDER LA NUIT AUTOUR DE ROLAND-GARROS... **ROLAND-GARROS !..** NOM MAGIQUE POUR CES PETITS BRÉSILIENS QUI SE SOUVIENNENT DE LA TRAVERSÉE DES ANDES ET QUI ONT TENU À FAIRE LE CHEMIN INVERSE POUR SE FROTTER AUX GRANDS CHAMPIONS DE LA RAQUETTE FLOTTANTE. **PARIS SERA TOUJOURS PARIS !**

Roland

CHEZ LES GRANDS PRÊTRES DE LA PRÉFÉRENCE NATIONALE EN CALEÇON : LES JOURNALISTES-DIACRES DE LA RELIGION FOOTBALLISTIQUE OÙ LES VRAIS BONS CROYANTS NE PEUVENT ÊTRE QU'INTÉGRISTES.
MOLD EXPO
LES JOURNALISTES DE L'ACTUALITÉ HEUREUSE AU SERVICE DU RÊVE -
LE CENTRE INTERNATIONAL DES MÉDIAS DU MONDIAL À LA PORTE DE VERSAILLES, À PARIS
DES MILLIERS DE THIERRY ROLAND !
LE FOOT C'EST GRAVE... AUCUNE MANIFESTATION DE JOIE QUI PUISSE FAIRE PENSER QUE LE FOOT EST UN JEU
adidas
Canon
Coca-Cola
OPEL
DANONE
PHILIPS
SNICKERS
J'AIME LE FOOT MAIS PAS TOUT CE QU'IL Y A AUTOUR...
9600 journalistes sportifs et 1 anti-foot de "Charlie"... « On est comme vous, disent-ils, on aime le foot, mais pas ce qu'il y a autour. »
C'EST LA phrase que l'on entend dans toutes les langues...
RCN
RCN TELEVISION
RRR
IL EST SIX HEURES DU MATIN AU BRÉSIL
CE QU'IL Y A AUTOUR c'est ce qu'on vous reproche... Les journalistes sportifs ont ce privilège de pouvoir se rendre dans TOUS les pays et ils ne nous parlent que de la baballe. Pendant 40 ANS ils ont circulé au-delà du rideau de fer, et ils ne nous ont RIEN raconté...
SI ! MOI JE PROFITE DU MONDIAL POUR FAIRE UN REPORTAGE SUR LE CRAZY HORSE SALOON...
EN BRÉSILIEN "THIERRY ROLAND" SE DIT "GALVA BUENO" SUR "TV GLOBO"
L'ALIBI "ARTISTIQUE" DANS UN COIN DE LA SALLE DE PRESSE
UN GRAPHISTE FAIT DES TABLEAUX EN COLLANT DES DÉCOUPAGES DE "L'ÉQUIPE"
OH ! UNE NANA !
"J'AIME LE FOOT, MAIS PAS CE QU'IL Y A AUTOUR."
"AUTOUR" C'EST VOUS, LES JOURNALISTES QUI NE DITES RIEN SUR LES MAGOUILLES !

2000★

MINISTRE DE LA JEUNESSE...
... ET DES SPORTS !
FRANCE
FRANCE
FRANCE

HIER
L'IDIOT DU VILLAGE ÉTAIT AU RMI...
...AUJOURD'HUI
IL EST MILLIAR-DAIRE !
GOOGLE
PAPIERO
CAFÉ
JOUVENCE ABBE SOURY

S

Sabine

1986

Santini

2002

Schumacher

Mitterrand engage Schumacher
1982 *

Ruée des SDF à Saint-Denis…

Ils rêvent de la pelouse chauffée !

1998 ★

1997 ★

Stade de France

IL FAUT DÉSENCLAVER LE STADE DE FRANCE !

1998

1982

LES GRANDES REUSSITES : TABARLY
RICARD
MAMAN, LA MARINE ET RICARD
J'AI ÉTÉ ÉLEVÉ À LA DURE. À CINQ ANS J'AVAIS DÉJA CONSTRUIT UN RADEAU. J'ÉTAIS RAVITAILLÉ PAR LES MOUETTES... ET PAR MAMAN QUI VENAIT M'APPORTER MON GOÛTER...
JE N'AI JAMAIS BU QUE DE L'EAU...
MAIS "CHÂTEAU-LA-POMPE" N'EST PAS UN BON SPONSOR...
JE ME SUIS DONC TOURNÉ VERS UN GROS FOURNISSEUR DE LA MARINE, ET TOUS MES COPAINS ONT CONTRIBUÉ AU FINANCEMENT DE MON BATEAU...
VOUS AUSSI VOUS AVEZ DESSALÉ ?
NON ! MOI, JE SUIS À BORD DU "REDOUTABLE" !
JE SUIS TOUJOURS OFFICIER DE MARINE, MAIS DÉTACHÉ DEPUIS TELLEMENT LONGTEMPS QUE JE N'AI PAS BIEN SUIVI L'ÉVOLUTION TECHNIQUE...
MONSIEUR RICARD M'A APPRIS À NAVIGUER SANS INSTRUMENT DE MESURE
RIEN QU'EN FAISANT ÇA, JE SAIS TOUT DE SUITE S'IL Y A DU TANGAGE !
LA DISCIPLINE MILITAIRE M'A BEAUCOUP APPORTÉ...
JE LAVE LE PONT TOUS LES JOURS PAR N'IMPORTE QUEL TEMPS... PARFOIS, JE ME FAIS AIDER...
...PAR UN PASSAGER CLANDESTIN !
RICARD
PARFOIS, JE ME DÉGUISE EN CORSAIRE POUR FAIRE PEUR AUX BATEAUX CHARGÉS D'OLIVES, D'AMUSE-GUEULE OU BIEN DE BOULES DE PÉTANQUE...
TRAHISON ! A DIT MONSIEUR RICARD EN VOYANT POSER UN VERRE DE CONTRE-POISON À LA MAIN...
A FORCE TRANQUILLE, BOISSON TRANQUILLE.
Eric Tabarly
Le lait, une des recettes de vie d'Eric Tabarly.

SI J'AVAIS ÉTÉ DANS L'INFANTERIE...
ALLEZ ME CHERCHER LA CLÉ DU CHAMP DE TIR DE MOURMELON !
... MAIS COMME J'ÉTAIS DANS LA MARINE...
ALLEZ ME CHERCHER LA CLÉ DU CHAMP DE TIR DE MURUROA !
ET SI VOUS N'ÊTES PAS REVENU DANS 23 JOURS, 15 HEURES ET 30 MINUTES, VOUS SEREZ PORTÉ DÉSERTEUR... ROMPEZ !
...JE N'AI FAIT QU'OBEIR À MES SUPÉRIEURS !
QU'EST-CE QUE J'APPRENDS ? VOUS BUVEZ DU LAIT MAINTENANT ? ...PAS DE GONZESSE DANS LA MARINE !
GRÂCE À LA DISCIPLINE MILITAIRE JE N'AI JAMAIS RECHIGNÉ POUR PRENDRE MON TOUR DE GARDE
TOUR DE QUART
Minuit à 4h. TABARLY
4h. à 8h. TABARLY
8h. à 12h. TABARLY
12h. à 16h. TABARLY
16h. à 20h. TABARLY
20h à 24h TABARLY
1 VOLUME DE RICARD
5 VOLUMES D'EAU...
QUAND J'ÉCOPE JE FAIS ENCORE DE LA PUBLICITÉ !
RICARD
QUI SUIS-JE RÉELLEMENT ? À QUOI SERT UN NAVIGATEUR SOLITAIRE ?
JE ME DEMANDE SI JE NE SUIS PAS PROGRAMMÉ POUR ÊTRE LE DERNIER SURVIVANT APRÈS LA 3e GUERRE MONDIALE...
JE SUIS PEUT-ÊTRE CHARGÉ DE REFAIRE L'ESPÈCE HUMAINE AVEC LA NAVIGATRICE SOLITAIRE QUI EST PROGRAMMÉE COMME MOI...
Cabu

Tapie

1995

1993

1993 ★

Touquet (Enduro du)

1999

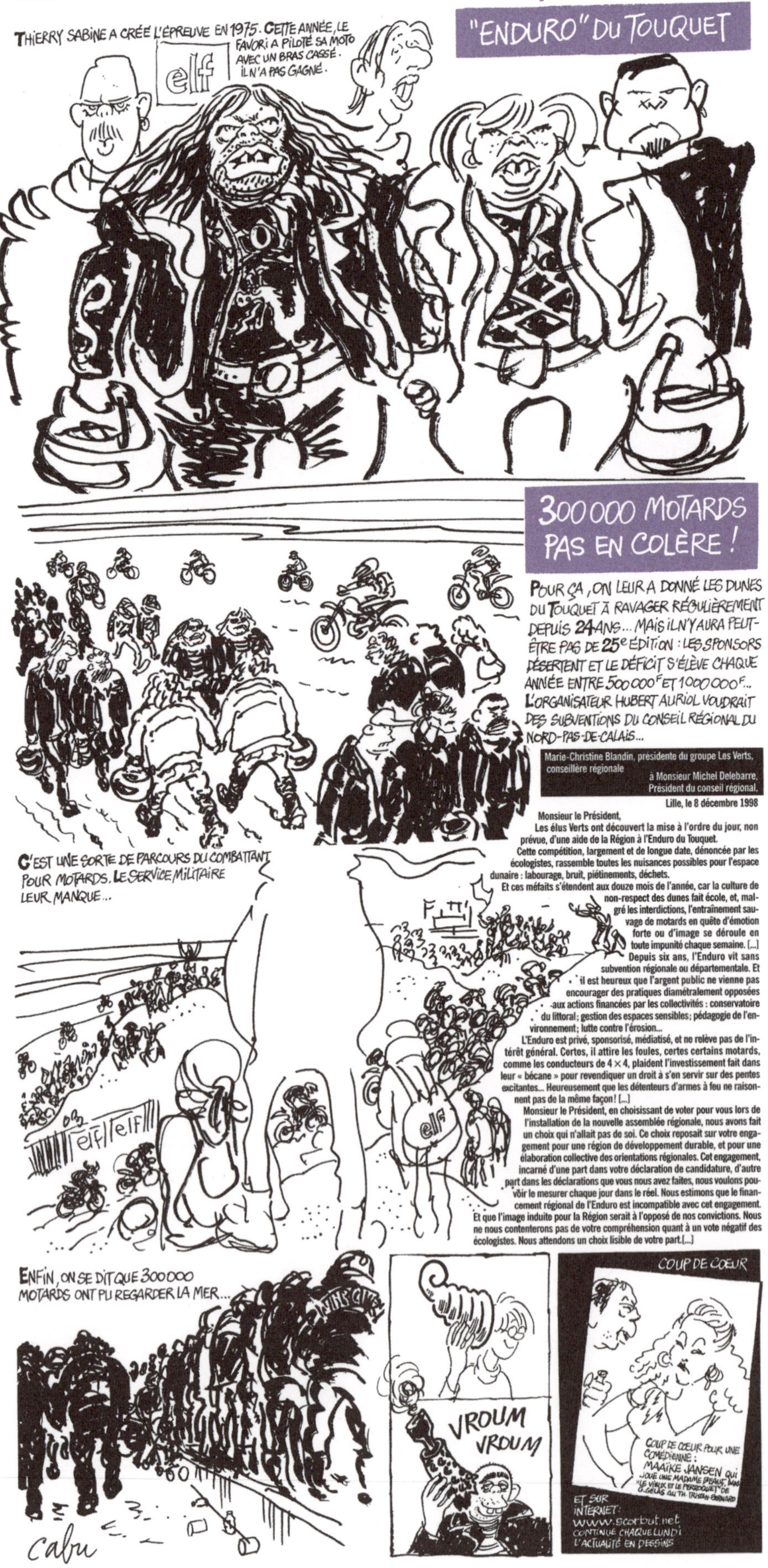

Vieira

2008

Virenque

1998 ★

2000 ★

2006 ★

2006 ★

1998 ★

Zitrone

1969 ★

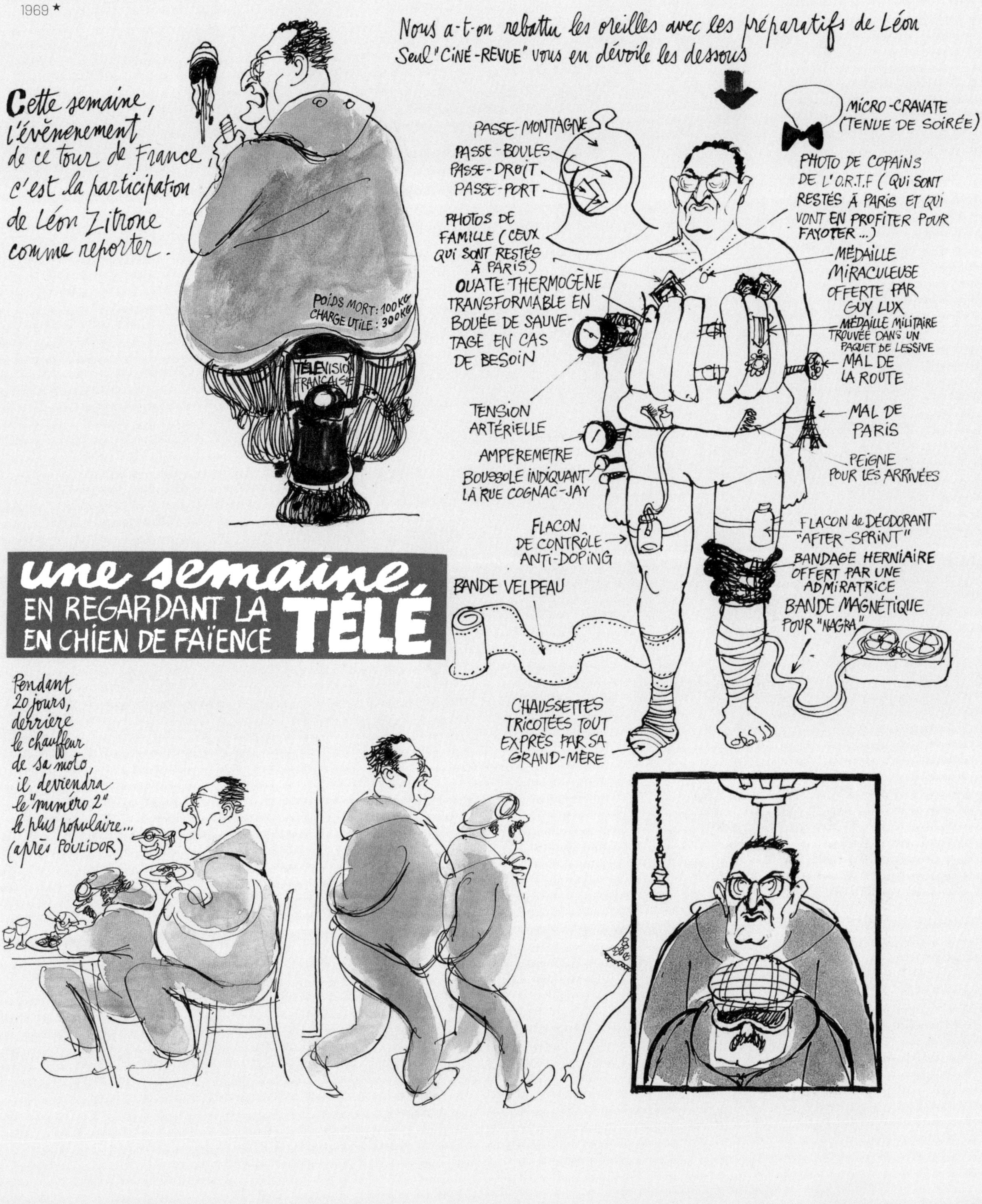

QUIZ VIVE LE SPORT !

Si vous avez tout bon,
le Grand Duduche vous signe une dispense de gym.
Si vous avez tout faux, aussi.

Catégorie CABU

Le célèbre manuel scolaire *Le Tour de la France par deux enfants* (1877) est évoqué deux fois dans ce livre. Saurez-vous trouver où ?

Page 105 dans le reportage sur le Tour de France 1969 et page 132, dans le dessin sur Lance Armstrong.

Tête de turc de Cabu, Ribéry apparaît 5 fois dans cet album. Attention il y a un piège.

Page 15, dans un élégant comparatif entre le football féminin et masculin

1. Sur un poster de la chambre où l'on révise son « bac », page 7 !
2. Page 162, avec son entraîneuse favorite
3. Page 162, avec un fan de football
4. Et en tout petit, page 67 dans un des écrans du dessin avec le président Sarkozy.

Coup franc sur les politiques : identifiez les deux murs de la page 26

Mur de droite : Georges Tron, Jean-Pierre Raffarin, François Fillon, Jean-François Coppé, Christian Jacob et Xavier Bertrand.

Mur de gauche : Jack Lang, Julien Dray, Dominique Strauss-Kahn, François Fabius, Ségolène Royal.

La Mère Denis de la page 150, c'est une ancienne sportive ?

La célèbre lavandière normande mise en vedette par une marque de machines à laver dans les années 1970 était devenue la muse de Cabu. En tout cas, elle lui a inspiré des dizaines de dessins dont beaucoup ont été recueillis dans *Votez mère Denis !* sorti en 1981.

Quel sportif peut se vanter de rouler à l'électrique ?

La joyeuse famille sur une voiture de golf page 33 ! Cet élégant chef-d'œuvre a servi de couverture pour le livre *Les Nouveaux Beaufs sont arrivés* (1992).

Dorothée pointe le bout de son nez ici et là. Mais où ?

Page 24, à l'entrée « Football féminin » mais aussi page 167 dans le dessin « Mémé Jacquet, fais-nous rêver ». Cabu aimait gentiment taquiner sa complice de l'émission « Récré A2 » avec laquelle il a donné envie de dessiner à toute une génération de téléspectateurs.

Deux charcutiers sont en vedette dans *Vive le sport* ! Où et qui sont-ils ?

Page 127, un charcutier du 12e arrondissement parisien qui faisait partie du voyage avec l'équipe de France de football en Albanie en 1990.

Page 134, dans le reportage sur les Six Jours à Bercy, la charcuterie Moret.

N'oublions pas leur collègue boucher chevalin Duglantier, page 27.

Quelle est le comédien et réalisateur que Cabu admirait et qui est discrètement croqué dans ce livre ?

Il s'agit de Jacques Tati (visible page 100 tout en bas en train d'engager) qui incarnait monsieur Hulot. Cabu a toujours été un grand fan de Tati et a même créé pour lui des dessins publicitaires pour ses films *Playtime* (1967) et *Traffic* (1971).

Dans quel dessin retrouve-t-on le titre du présent album écrit de la main de Cabu ?

Page 168 à l'entrée « Laporte » Bernard, alors secrétaire d'État chargé des Sports, escorté par des CRS dans une France secouée par des manifestations.

Enrico Macias dans un livre de Cabu sur le sport. Est-ce bien raisonnable ?

Pourquoi pas, il y a bien Aznavour en marathonien p. 133 (mais parce qu'il a joué ce rôle inspiré de Zatopek dans le film *The Games* sur les JO de 1960).

On voit notre Enrico national page 11 parmi les spectateurs du dessin sur la boxe paru dans *Hara-Kiri*. Si vous observez d'un peu plus près, vous découvrirez également Alain Delon, Jacques Dutronc et Françoise Hardy, Françoise Sagan, Sylvie Vartan, Johnny Halliday, Michel Audiard et quelques autres...

Qu'est-ce qui unit les dessins en couleur des pages 8 et 91 ?

Ils proviennent d'une série de dessins encore jamais présentés en album. Ils ont beau être sur des disciplines sportives différentes, ils sont sur le thème « Comment on s'enrhume au collège ». Ces dessins étaient dans un portfolio vantant les mérites auprès des médecins d'un médicament des laboratoires Lebrun en 1964.

Quel est le dessin le plus ancien présenté dans ce livre ?

Le plongeur de la page 69 est daté de janvier 1952. Il est inédit mais avait été présenté aux clients du salon de coiffure de Châlons-en-Champagne où Jean Cabut, ado de 14 ans déjà plus créatif que sportif, exposait ses dessins. Remarquez sa signature : « K Bu » !

PUBLICITÉ GRATUITE...

Une allusion au film de Bertrand Blier *Tenue de soirée* (1986) est dissimulée dans ce livre.

Page 46, lorsque les joueurs de foot se congratulent : on distingue Gérard Depardieu étreignant Michel Blanc.

Dans quelle mesure le dessin des deux pêcheurs en maîtres-nageurs (p. 54) est une évocation de Châlons ?

Dans sa ville natale, à l'époque, les petits Châlonnais apprenaient à nager en étant tout simplement jetés à l'eau dans la Marne plus ou moins contre leur gré. Curieuse coutume locale, et véritable épreuve sportive !

Les dessins « Boules (partie de) » (p. 67) et « Occasion » (p. 18) ont été publiés pour la première fois dans un livre. Lequel ?

Dans *Le Dictionnaire de l'Humour* de Roger Pichon, publié en 1957. C'est le tout premier livre de Cabu dans lequel il a illustré chaque lettre de l'alphabet. Comme avec le présent dictionnaire !

Quel est le rapport entre Jean-François Lamour et le chanoine Guiberteau ?

La victoire de Jean-François Lamour (futur ministre des Sports que l'on reconnaît page 61) aux JO de Los Angeles (en individuel et par équipe) est évoquée page 43. Elle réjouit la France entière, comme le chanoine Paul Guiberteau, chantre de l'école libre dont il défend les intérêts face au projet de loi Savary visant à la création d'un grand service public de l'Éducation. La médaille est restée ; le projet de loi a été retiré par Mitterrand.

La tête et les jambes... et les visages : saurez-vous reconnaître les joueurs de l'équipe de France dessinés page 157 ?

À gauche, de bas en haut : Candela, Zidane, Thuram.

À droite, de bas en haut : Deschamps, Djorkaeff, Diomede, Barthez.

Avez-vous reconnu nos trois têtes de vainqueurs de la page 139 ?

- Jean-Pierre Papin. Le fameux JPP a perdu ses deux finales de Coupe d'Europe : en 1991 avec l'OM (contre le Milan AC) et contre l'OM (lorsqu'il était au Milan AC) en 1993.

- Alain Prost : champion des sportifs qui se plaignent quand ils perdent (« c'est la faute de la voiture », « du circuit », « des mécaniciens »).

- Henri Leconte : si prometteur et pourtant après avoir échoué en finale de Roland-Garros 1988, son « J'espère que vous avez compris mon jeu » lui a permis de se mettre tout le public à dos et pendant longtemps. Sacré Riton !

En plus de Caroline de Monaco (p. 146) et Johnny Hallyday (p. 73), citez au moins 5 personnalités qui ont participé au Rallye Paris-Dakar.

Daniel Balavoine (RIP), le prince Albert de Monaco, Claude Brasseur, Yves Régnier, Chantal Nobel, Évelyne Dheliat, Gérard Lenormand et Michel Sardou (qui n'a jamais fini la course).

Et même une armada de sportifs dont : Gérard d'Aboville, Jacques Anquetil, Michel Hidalgo et Raymond Kopa !

La pétanque discipline olympique comme annoncé page 69 ? Peuchère, non !

Pour les 4 disciplines additionnelles auxquelles la ville organisatrice a droit, Paris a retenu l'escalade, le surf, le skateboard et le breakdance. Les petits cochonnets resteront donc dans leur étui. Mais il y aura certainement d'autres sports de boules pratiqués durant les olympiades...

Qui était le champion du « cyclisme-champagne » ?

Avant l'EPO et la recette des gousses d'ail de Cabu, Jacques Anquetil (page 140), qui a testé pas mal de produits, avait un penchant certain pour le champagne, prétendant ne pas supporter l'eau. En 1964, à la veille de l'étape Andorre-Toulouse, Anquetil va se détendre à un méchoui où on lui sert sans retenue de la sangria. Le lendemain, après avoir été devancé pendant une partie du trajet, il se reprend et passe la ligne le premier, soi-disant parce qu'il aurait absorbé un bidon de champagne juste avant Toulouse !

Pourquoi l'homme de la vie de Comaneci (p. 147) mériterait plutôt un double zéro ?

Celui qui s'était présenté comme un admirateur éperdu et qui avait organisé l'évasion de l'athlète de la dictature de Ceaucescu était en fait un vrai pourri. Constantin Panait monnayait les interviews de la réfugiée aux USA et encaissait les chèques à sa place. Et à la moindre plainte de Nadia, il menaçait de la renvoyer en Roumanie dans une valise. Encore un chic type...

Il n'y a pas que Chirac et son Premier ministre Jospin qui furent doués en déguisement et en patinage à Nagano pour les JO 1998 (page 63)...

Effectivement, Philippe Candeloro remporta la médaille de bronze en patinage artistique déguisé en D'Artagnan.

Comme la future bachelière de la page 7, parlez-nous du 4-4-2 ?

Ce schéma tactique démocratisé par Guy Roux est le plus utilisé aujourd'hui par les entraîneurs. En plus du gardien, il consiste à positionner sur le terrain 4 défenseurs, 4 milieux et 2 attaquants. Mais si vous aimez les chiffres, on a aussi disponibles : 3-4-3, 2-3-5, 4-2-4, 4-3-3, 4-2-3-1, 5-3-2 et 5-4-1. Et en taille 43.

Quel est le nom de cette mascotte de l'équipe de France (p. 52) ?

Jules le Coq, mascotte de l'équipe de France entre 1996 et 1999, qui n'a connu qu'une carrière éphémère. En effet, les organisateurs du Mondial 1998 ont mis en avant leur propre mascotte, dénommée Footix. Jules est vite passé à la casserole. Personne ne dit si ses hormones ont pu lui ôter le goût de l'amertume (ou de la défaite).Un Footix, aujourd'hui c'est quelqu'un qui sait tout sur tout le sport, qui est le sélectionneur depuis son canapé

Mais qu'est-ce qui réjouit à ce point les domestiques espagnoles dans le dessin de la page 68 ?

L'attribution des jeux Olympiques de 1992 à la ville de Barcelone, aux dépens de la ville de Paris qui se portait une nouvelle fois candidate. Il faudra patienter jusqu'à 2024 pour que les habitants du XVIe arrondissement prennent leur revanche...

Votre aile de pigeon, vous l'aimez saignante ? Mais connaissez-vous plus de figures de foot que François Hollande (page 156) ?

Le petit pont – Le tacle – La roulette – La bicyclette – La roulette – La panenka – Le flip-flap – Le coup du foulard – L'arc-en-ciel...

C'est vrai que Cabu a porté chance à Eddy Merckx (page 162) ?

Eddy Merckx a remporté 5 Tours de France (dont 4 consécutifs) sur les 11 auxquels il a participé. Et justement en 1969, l'année où paraît le dessin de Cabu, le « cannibale » remportera son tout premier Maillot jaune sur les Champs-Élysées... forcément dopé par ce gag paru dans *Le Journal du dimanche*. Hasard ou coïncidence ? Nous vous laissons en juger.

Le lancer de Sarkozy rêvé par Chirac page 43 évoque une discipline qui n'a toujours pas été acceptée par le CIO. Laquelle ?

Le lancer de nain, lamentable attraction alors populaire dans les discothèques, qui consistait à lancer le plus loin possible une personne de petite taille (plus petite que Sarkozy) sur des matelas.

Le manque de neige à cause du redoux aux JO de Vancouver en 2010 (page 10) ne sont pas la seule fois où les flocons ne furent pas au rendez-vous. Révisez votre histoire du dérèglement climatique en citant au moins 2 JO d'Hiver où le problème s'est posé.

- 2022 : Pékin et les fameux 300 canons qui ont déversé 1,2 million de mètres cubes de neige artificielle sur les pistes chinoises.

- 1980 : Lake Placid USA, même méthode, à l'américaine.

- 1964 : le maire d'Innsbruck en Autriche demande aux militaires de récupérer des milliers de mètres cubes de neige sur les pistes d'altitude.

- 1932 : Lake Placid aux USA again, avec l'hiver le plus chaud depuis 147 ans et de la neige rapportée du Canada en train !

- 1928 : Saint-Moritz en Suisse. Pas de chance pour la 2e édition des JO d'hiver perturbée par des températures trop hautes obligeant à annuler certaines épreuves.

QUIZ VIVE LE SPORT !

Quel était le surnom du gardien de but allemand Harald Schumacher après son coup d'éclat (de dents) contre Battiston en 1982 en demi-finale de la Coupe du monde ?

Le « boucher de Séville », ce qui a relancé la haine contre les Allemands alors que Mitterrand voulait plutôt tendre la main à Helmut Kohl.

Pourquoi peut-on dire depuis toujours que le rallye Paris-Dakar est « bio et équitable » comme titré par Cabu page 149 ?

Car sur le Dakar, on trouve des « poireaux », ces coureurs amateurs ainsi surnommés parce qu'ils restent plantés souvent dans le sable (là où se plaît à pousser ce fier légume) en attendant que l'assistance daigne les dépanner. On dit que l'expression serait héritée de la course Enduro du Touquet (voir aussi page 184), une course également organisée par Thierry Sabine (voir p. 180).

Malgré le stage commando de nos rugbymen page 83, les All Blacks ont tout de même encore gagné contre la France cette année-là, par 43 à 21. Mais combien de victoires compte notre palmarès contre eux ?

Sur les 62 matches joués entre l'équipe de France et celle de la Nouvelle-Zélande, les All Blacks ont remporté 47 victoires contre 12 pour l'équipe de France et 3 matches nuls.

Pourquoi l'entraîneur Michel Hidalgo (p. 156) est-il surnommé « la pleureuse » ?

Depuis le fameux France-Allemagne de 1982 en Espagne (*voir la question sur Schumacher*) où l'équipe nationale a perdu aux tirs aux buts à l'issue d'un match baptisé depuis « le drame de Séville » : ses joueurs, le public français et Hidalgo ont sorti les mouchoirs à l'unisson. Snif ! Snif !

Pas de quoi fanfaronner, Jeannie Longo (p. 160) ! Vraiment ?

C'est vrai qu'elle venait juste de se casser la hanche et qu'elle a fini à la 21e place aux JO de Séoul. Elle n'aura sa médaille d'or qu'en 1996 à Atlanta. Pour le reste, son palmarès est tout de même impressionnant : 59 titres nationaux, 13 titres de championne du monde, 3 victoires du Tour de France féminin, 38 records du monde...

La gousse d'ail dans le fondement comme principe dopant dans le cyclisme. Mythe ou réalité ?

Aperçu notamment pages 27, 123, 133 et 148, ce gag est inspiré d'une légende parmi les coureurs (l'allicine contenue dans l'ail pourrait tout de même favoriser l'augmentation du taux de testostérone). Forcément mis au parfum, Cabu n'a pas pu se retenir de le glisser de nombreuses fois dans ses dessins sur le Tour de France.

Entre Bez et Platini (p. 144), c'est finalement une grande histoire d'amour ?

Après un pathétique match nul contre Chypre, le sélectionneur des Bleus Henri Michel est viré. Claude Bez est propulsé surintendant de l'équipe de France (un job qui n'existait pas !) et désigne Michel Platini capitaine. Mais rien n'y fera : la France est éliminée dans la course au Mondial en Italie en 1990. Le renouveau du football français devra patienter jusqu'en 1998.

Pourquoi Cabu fait-il passer des tests de masculinité et féminité (p. 42) ?

Juste avant les JO d'hiver à Albertville en 1992, et sans doute échaudé par les pratiques douteuses dans les pays du bloc soviétique (cf. le dessin dans « Dopage » sur les nageuses d'Allemagne de l'Est p. 57), le Comité international olympique fait procéder sur les athlètes féminines à un test génétique afin de rechercher la présence d'un gène dit de « masculinité ».

Il n'y a donc pas le tout-à-l'égout à Chamrousse (p. 92) ?

Au contraire ! Chamrousse, qui fut la station pour les Xes Jeux Olympiques d'hiver de Grenoble 1968 a été spécialement aménagée et équipée pour l'occasion : urbanisme, terrassement, communication, infrastructures routières ont remodelé les lieux jusque dans ceux d'aisance.

Parmi les pronostics de Cabu pour les JO de Tokyo (p. 40), qu'est-ce qu'il n'avait pas prévu ?

Sans doute impactés par le rationnement de vin imposé par les instances française (1/6e de litre de vin par personne et par repas), nos champions ne rapportent qu'une seule médaille d'or et seulement 8 d'argent et 6 de bronze. Et c'est finalement la nageuse Christine « Kiki » Caron qui deviendra la vedette de ces JO avec sa médaille d'argent au 100 mètres dos, au point que le général de Gaulle lui dira : « On vous voit plus souvent que moi à la télévision en ce moment. »

Bas les masques sur les coureurs aux poumons délicats de la page 160 !

Après 1984, les JO reviennent à Los Angeles en 2028. Autant dire que le CIO est resté dans le brouillard, ignorant les risques du smog (aussi subi à Pékin en 2008, à Londres en 2012), cette brume dense due à la pollution. Rappelons que Steve Ovett, coureur de 800 mètres, s'est tout simplement effondré pendant la finale à LA sans doute à cause de problèmes respiratoires liés au smog. Décidément, les poumons de nos sportifs ont du talent !

Pourquoi Cabu s'intéresse-t-il à la discipline féminine du marteau page 50 ?

Parce que c'est la première fois que les athlètes féminines sont autorisées à participer à l'épreuve en 2000 à Sydney en Australie.

Remerciements

L'éditeur tient à remercier :
Véronique Cabut de nous avoir ouvert ses archives exceptionnelles pour trouver de nouveaux trésors hors compétition !

Christian Toanen, pour ses conseils avisés et enthousiastes sur le quiz

Wozniak, pour ses mises en couleur (pp. 132, 136, 148, 174) et ses recherches de dessins de Scorbut

Texte "Dispensé de gym" **Bernard Fournier**

Direction d'ouvrage **Jean-François Pitet**

Direction artistique **Gilles Legleye**

Direction générale **Elsa Lafon**

Direction éditoriale **Marie Dreyfuss**

Corrections **Béatrice Argentier**

Fabrication **Christian Toanen et Nikola Savic**

Commercial **Barbara Pilley**

Marketing **Frédéric Guyomard**

Presse **Anne Procureur**

Communication digitale **Juliette Recolin**

Photogravure **Les Caméléons**

Achevé d'imprimer en Espagne

Dépôt légal : octobre 2023
ISBN 13 :978-2-7499-5545-2
LAF : 3241